Erkennen, was die Seele will

Johanna Kallert

Erkennen, was die Seele will

Wie Sie im Einklang mit Ihrem Seelenplan gesund und glücklich leben

Johanna Kallert

Über die Autorin:

Johanna Kallert ist Heilpraktikerin für Psychotherapie, Astrologin, sowie ganzheitliche Gesundheits- und Seelenberaterin. Sie geht selbst seit über zehn Jahren ihren Weg der Selbstfindung, um zu erkennen, was ihre Seele wirklich will.

Mit diesem Buch will sie nun ihre Erfahrungen und ihr intuitives Wissen all den Menschen zur Verfügung stellen, die ebenfalls ihren Seelenplan erkennen und verwirklichen wollen.

ISBN: 9781794581401
Imprint: Indepently Published

INHALT

Über dieses Buch

Das Buch „Erkennen, was die Seele will“ hilft Ihnen, Ihren Seelenplan und Ihr wahres Selbst zu erkennen. Es beschreibt, warum es so wichtig ist, im Einklang mit der Seele zu wirken. Und es will Ihnen Mut machen, auf Ihre Seele zu hören und Ihr Leben so umzugestalten, dass Sie gesund und glücklich Ihre wahre Seelenbestimmung erfüllen können.

VORWORT

Willkommen liebe Leser, schön dass Sie mein Buch in Händen halten. Sie interessieren sich dafür, wie Sie wieder mehr im Einklang mit Ihrer Seele leben können?

Denn obwohl eigentlich alles ganz gut läuft in Ihrem Leben, obwohl Sie einen sicheren Job, eine dauerhafte Beziehung, ein schönes Haus und eine tolle Familie haben, spüren Sie vielleicht manchmal ein Gefühl der Leere in sich oder eine große Sehnsucht nach irgendetwas Ungreifbarem. Sie sehnen sich in Ihrem tiefsten Inneren vielleicht nach etwas, das Sie gar nicht richtig beschreiben können?

Ein unbestimmtes Bauchgefühl sagt Ihnen nur manchmal, dass Ihnen möglicherweise irgendetwas Grundlegendes in Ihrem Leben fehlt oder verändert werden sollte. Doch Sie wissen gar nicht so genau, was Ihnen fehlt und was Sie verändern wollen?

Oder geht es Ihnen auch äußerlich betrachtet schon lange nicht mehr gut? Fühlen Sie sich immer öfter deprimiert und frustriert oder gestresst, überfordert und vielleicht sogar völlig ausgebrannt in Ihrer derzeitigen Situation? Vielleicht haben Sie sogar gesundheitliche Probleme?

Möglicherweise stehen Sie auch gerade an einer Art Wegkreuzung und sind unschlüssig, welchen Weg Sie beschreiten sollen. Sie suchen Orientierung und Entscheidungshilfen für Ihr weiteres Leben?

In all diesen Fällen werden Sie in diesem Buch Antworten finden. Antworten und Erkenntnisse, die Ihnen helfen werden, Ihr Leben wieder „auf Spur" zu bringen und wieder gesund und glücklich zu werden.

Sie werden erfahren, dass Ihnen bei all Ihrer Orientierungssuche nur eine helfen kann: Ihre eigene Seele. Ihre Mitmenschen können Ihnen vielleicht sagen, was Sie tun oder lassen sollten, professionelle Berater können Sie bei Ihren Entscheidungen unterstützen. Aber die wirklich stimmigen Antworten auf Ihre Lebensfragen finden Sie nur bei sich selbst, tief in Ihrem Inneren, in Ihrer Seele.

Lesen Sie in den zehn Kapiteln dieses Buches, warum Ihre Seele Ihre beste Ratgeberin ist, warum die Verbindung aber manchmal unterbrochen oder nicht mehr vernehmbar ist.

Erfahren Sie, wie Sie den Kontakt zu Ihrer Seele dann wieder herstellen können, um sich von ihr zu einem glücklichen, erfüllten Leben führen zu lassen.

Erfahren Sie, dass schwierige Lebenssituationen vielleicht Signale Ihrer Seele sind und finden Sie Hilfestellung beim Deuten dieser Signale.

Lernen Sie mit Hilfe dieses Buches, von jetzt an achtsam auf Ihre Gefühle zu hören, denn sie enthalten wichtige Seelenbotschaften.

Erfahren Sie, dass sowohl gesundheitliche als auch persönliche oder berufliche Probleme nicht dazu da sind, Ihnen das Leben zu vermiesen, sondern dass es sich auch hier um wichtige Botschaften Ihrer Seele handelt, die verstanden und gemeistert werden wollen.

Lesen Sie ganz konkret anhand astrologischer Deutungen, was Ihre Seele in diesem Leben erfahren, lernen und erreichen will.

Lesen Sie, in welchem Lebensbereich Ihre Seele eine Bestimmung zu erfüllen hat, und wie Sie dies erkennen und verwirklichen können. Lesen Sie, warum nur Ihr ganz persönlicher Seelenweg Sie wirklich gesund und glücklich machen wird.

Ich schreibe dieses Buch sehr intuitiv, aus meiner Seele heraus. Es ist sozusagen eine Botschaft von Seele zu Seele. Mögen Sie darin die Worte finden, die Sie auf Ihrem Weg unterstützen, auf dem Weg hin zu Ihrer eigenen Seele. Denn nur gemeinsam mit ihr sind Sie stark.

Nun wünsche ich Ihnen viel Freude und gute Erkenntnisse beim Lesen dieses Buches.

SIE UND IHRE SEELE – EIN WUNDERBARES TEAM

Stellen Sie sich einmal vor, Sie hätten eine wunderbare, beste Freundin. Diese beste Freundin kennt Sie in- und auswendig und versteht Sie, wie kein anderer Mensch auf dieser Welt. Stellen Sie sich nun vor, diese beste Freundin weiß oft besser, was Sie wirklich wollen, als Sie es selbst wissen.

Stellen Sie sich nun auch noch vor, diese beste Freundin nimmt Sie an die Hand und führt Sie durchs Leben. Sie hat die Antworten auf alle Ihre Fragen. Sie kennt für alle Ihre Probleme die Lösung. Sie hilft Ihnen, alle Herausforderungen zu meistern. Sie gibt Ihnen in jedem Augenblick Unterstützung und Energie, und sie weiß in jeder Sekunde, was das Beste für Sie ist.

Diese beste Freundin haben Sie tatsächlich. Sie finden sie aber nicht in einem anderen Menschen, sondern in Ihrem Inneren. Diese beste Freundin ist Ihre Seele. Ihre Seele sagt Ihnen stets, was zu tun ist, und Sie tun das dann einfach voller Vertrauen. Gemeinsam sind Sie ein wunderbares Team und können auf optimale Weise das Leben meistern.

Klingt das nicht unvorstellbar gut? Dann hören Sie sich jetzt auch an, was Ihre innere beste Freundin sonst noch alles für Sie tut.

Sie liest Ihnen manchmal ganz schön die Leviten, wenn Sie nicht auf sie gehört haben. Sie nimmt Ihnen Ihr „Spielzeug" weg, wenn Sie sich davon zu sehr von Ihren wahren Aufgaben ablenken lassen. Sie rüttelt Sie mit immer stärker werdenden Impulsen wach, wenn Sie ihrem Rat nicht folgen.

Ist nicht auch das die Aufgabe einer besten Freundin? Ja, Ihre Seele tut all das für Sie, denn sie hat nur einen Wunsch: Sie will Sie immer wieder an Ihr wahres Selbst erinnern, damit Sie in Ihrem Leben wahrhaft glücklich werden.

Doch was ist die Seele eigentlich? Denn Sie können Ihre „beste Freundin" ja nicht sehen und erstmal können Sie sich auch nur schwer vorstellen, dass es sie wirklich gibt.

Und im Grunde ist Ihre Seele so etwas Großartiges und Geheimnisvolles, dass sie sich mit unserem begrenzten Vorstellungsvermögen eigentlich gar nicht beschreiben lässt. Aber ich versuche trotzdem, Ihnen Ihre Seele nach menschlichem Verständnis ein wenig näherzubringen.

Für „die Seele" gibt es viele Definitionen, Erklärungsversuche und bildhafte Darstellungen. Die Seele ist der Teil von Ihnen, den Sie nicht anfassen können. Es sind Ihre Gefühle, die bewussten und auch die unbewussten, vielleicht verdrängten Gefühle.

In der Psychologie verwendet man den Begriff „das wahre Selbst“ im Gegensatz zum „Selbstkonzept“, also zu dem, was Erziehung und Massenbewusstsein möglicherweise aus Ihnen gemacht haben. Auch dieses „wahre Selbst“ ist wohl gleichbedeutend mit dem, was ich hier Seele nenne.

Als Sitz der Seele im Körper könnte man das sogenannte limbische System im Gehirn vermuten. Das ist der Teil des Gehirns, in dem die Gefühle gespeichert sind.

Andere Seelenforscher sehen die sogenannte Zirbeldrüse als körperliche Manifestation der Seele an. Die Zirbeldrüse ist eine hormonproduzierende Drüse in Ihrem Zwischenhirn. Sie produziert unter anderem das Schlafhormon Melatonin. Schon der französische Philosoph Rene Descartes brachte die Zirbeldrüse in Zusammenhang mit der Funktion der Seele.

Auch in der indischen Chakrenlehre wird das Kronenchakra am Scheitel des Kopfes und die zugeordnete Zirbeldrüse als Sitz der Seele betrachtet.

Das Kronenchakra ist das oberste der sieben Hauptchakren am Körper. Chakren gelten als Energieeintrittspunkte und als Energieverteiler im Körper. Das harmonische Zusammenwirken der Chakren ist gemäß der Chakrenlehre die Grundvoraussetzung für Gesundheit.

Dem Kronenchakra ist die Farbe violett zugeordnet, die Farbe der Selbsterkenntnis. Auch die Energie eines bestimmten Himmelskörpers steht in Zusammenhang mit dem Kronenchakra. Dieser Himmelskörper ist der Planet Saturn, der auch in der Astrologie als Symbol für das wahre Selbst oder für die Seele angesehen wird. Mehr dazu können Sie im siebten Kapitel lesen.

Wo auch immer Ihre Seele nun sitzt, sie ist eine spezielle Energie, entstanden aus einer Vielzahl an gespeicherten Emotionen und Gefühlen, die Sie nun wie ein inneres Navigationsgerät leitet.

Ihre Seelenenergie besteht aber nicht nur aus Emotionen, sondern auch aus Wissen. So enthält Ihre Seele unter anderem auch das Wissen für Ihren ganz persönlichen Lebensplan inklusive der Pflichten, die Sie zu erfüllen haben.

Wenn Sie an Reinkarnation glauben, können Sie sicher auch mit der Vorstellung etwas anfangen, dass Ihre Seele der unsterbliche Teil in Ihnen ist, der schon viele Male auf dieser Erde gelebt und dabei die verschiedensten Erfahrungen gesammelt hat.

Ihre Seele besteht somit aus zwei Ebenen. Die kosmische Ebene Ihrer Seele ist der Teil, der im Himmel geblieben ist, den Überblick behält und Sie zu führen versucht, damit Sie sich im irdischen „Lebenslabyrinth“ nicht verirren.

Der irdische Teil Ihrer Seele sitzt in Ihnen selbst, in Ihrem Körper, vermutlich in der Zirbeldrüse, wie beschrieben. Man könnte auch sagen, der kosmische Teil Ihrer Seele fungiert als Sender und der körperliche Teil der Seele als Empfänger von Anweisungen für Ihr Leben.

Diese „Führung von oben“ ist sinnvoll, denn Sie selbst kennen auf der bewussten Ebene nur die Erfahrungen Ihres jetzigen Daseins. Ihre Seele hat dagegen einen übergeordneten Blick auf alle Ihre Erfahrungen, auch auf das Ihnen unbewusste Erleben in der Kindheit und im Mutterleib.

Esoteriker bezeichnen die Seele auch als das „höhere Selbst“, als Ihre Verbindung zum Göttlichen, das Sie „vom Himmel aus“ beobachtet, begleitet, beschützt und führt, und das Ihnen von dort wichtige Botschaften übermitteln kann. Auch das Wissen um Ihre wahre Lebensabsicht ist nach dieser Vorstellung in der Seele gespeichert.

Denn Sie sind mit einer bestimmten Absicht in dieses Leben gekommen. Besser gesagt, Ihre Seele hat einen Teil von sich, also Sie, in einem menschlichen Körper auf die Erde entsandt, um etwas Bestimmtes zu erfüllen, zu erfahren, zu lernen oder zu meistern. Was darunter zu verstehen ist, davon handelt das nächste Kapitel.

WAS SIE UND IHRE SEELE SICH FÜR IHR LEBEN VORGENOMMEN HABEN

Was ist der Sinn und Zweck Ihres Lebens? Was haben Sie und Ihre Seele sich für Ihr Leben vorgenommen? Diese Frage haben Sie sich vielleicht auch schon gestellt, liebe Leser. Nun, die einfachste Antwort auf diese Frage lautet, der Sinn des Lebens ist zu leben und bestimmte Aufgaben zu erfüllen.

Das heißt, Ihre Seele wollte in einem menschlichen Körper auf dem Planeten Erde geboren werden, um dort dann agieren und etwas bewirken zu können.

Eine körperlose Seele ist nur Energie. Die Sehnsucht einer jeden Seele ist aber die Möglichkeit, Einfluss zu nehmen auf den Lauf der Welt. Dies kann sie nur, wenn sie sich verkörpert, um dann eine vorher definierte Aufgabe vollbringen zu können.

Viele Glaubensrichtungen sprechen zwar davon, dass das wahre Ziel einer Seele die körperlose Existenz im „Himmel“ ist. Aber ich weiß intuitiv, dass es genau umgekehrt ist. Das Leben in einem irdischen Körper ist die wahre Vollkommenheit. Körper, Geist und Seele sind die Dreieinigkeit, die jede Seele anstrebt.

Ihre Seele hatte also die Sehnsucht, sich zu verkörpern, und dieser Wunsch wurde ihr erfüllt.

Ihr Vater hat ein Kind gezeugt, Ihre Mutter hat dieses Kind in ihrem Bauch sich entwickeln lassen und schließlich geboren. Es kam ein neuer Mensch auf die Welt, ein zunächst winzig kleiner Körper, der mit Ihrer Seele ausgestattet wurde.

Ihre Mutter hat Ihrer Seele die wichtigste Sehnsucht ermöglicht, die Sehnsucht nach einem irdischen Körper. Ihre Mutter und Ihr Vater haben dann auch dafür gesorgt, dass dieser zunächst noch völlig hilflose kleine Körper wachsen und sich entwickeln konnte, hin zu dem erwachsenen Menschen, der Sie jetzt sind.

Egal, wie Ihre Kindheit war, egal, ob Sie sich vielleicht schlecht oder falsch behandelt fühlten, ob Ihre Bedürfnisse nicht hinreichend erfüllt wurden, Ihr wichtigstes Bedürfnis nach Leben wurde erfüllt. Wenn Sie sich das klar machen, können Sie vielleicht Dankbarkeit statt möglichem Groll für Ihre Eltern empfinden.

Denn Ihr Leben ist das wunderbarste Geschenk, das Sie jemals erhalten haben. Ihr Leben ist die Voraussetzung dafür, dass Sie hier auf der Welt Ihre ureigene Seelenbestimmung erfüllen können.

Ihre Seele wollte ja nicht nur auf die Welt kommen, um sich ein wenig zu vergnügen. Nein, Ihre Seele ist mit einer bestimmten Aufgabe auf die Welt gekommen.

Sie wollte etwas bewirken, vielleicht auch etwas lernen oder etwas wiedergutmachen aus einem früheren Leben. Vor allem wollte sie als Teil der gesamten Menschheit dazu beitragen, dass ein Weiterleben der Spezies Mensch gesichert wird, und dass der wunderbare Planet Erde als Lebensraum für die Menschen erhalten bleibt.

Solange Ihre Seele nur eine Energie im Kosmos war, hatte sie großartige Ideen, was man tun müsste und was man alles bewirken könnte, wenn man einen menschlichen Körper zur Verfügung hätte. Und als das endlich möglich war, wurden Sie, also der verkörperte Teil Ihrer Seele, mit einer bestimmten Aufgabe auf die Erde entsandt, mit Ihrer Lebensaufgabe.

Für diese Lebensaufgabe haben Sie genau die speziellen Fähigkeiten und Begabungen mitbekommen, die Sie dafür brauchen. Diese wurden von Anfang an als genetische Ausstattung in Ihnen angelegt. Und Sie und Ihre Seele haben sich vorgenommen, dass Sie zunächst Ihre Anlagen Schritt für Schritt entfalten, schulen und optimieren, um dann gut gerüstet Ihre Lebensbestimmung erfüllen zu können.

Jeder Mensch hat seine eigenen Begabungen, um seinen eigenen Seelenplan erfüllen zu können. Dabei kann sich Ihr Seelenplan von den Seelenplänen anderer Menschen deutlich unterscheiden.

Wenn Sie sich das klarmachen, können Sie sich selbst und Ihre Mitmenschen viel besser verstehen, und Sie können einander so sein lassen, wie Sie sind. Denn mit dem Wissen um die unterschiedlichen Seelenpläne verstehen Sie, dass jeder hier seine eigenen Dinge zu erfahren oder zu tun hat.

Vielleicht wollen Ihre Seele und Sie zum Beispiel finanzielle Fülle erfahren, andere Menschen wollen hingegen eher lernen, auch mit schwierigen finanziellen Gegebenheiten zurecht zu kommen.

Vielleicht wollen Ihre Seele und Sie sich sehr stark gesellschaftlich engagieren, sich für irgendetwas oder irgendjemanden einsetzen, während andere vor allem ein glückliches Familienleben erleben wollen.

Vielleicht wollen Sie und Ihre Seele große Dinge erschaffen, oder mithelfen, die Welt zu retten, während andere vor allem das eigene Leben meistern wollen.

Vielleicht wollen Sie und Ihre Seele mit körperlicher Arbeit materielle Werte erschaffen, während andere eher im geistigen Bereich tätig sind.

Vielleicht wollen Sie und Ihre Seele ein Pionier sein, etwas Neues in die Welt bringen oder auch Führungsqualitäten entwickeln, um ein Vorgesetzter sein zu können, während es die Bestimmung anderer ist, Ihre Mitarbeiter zu sein.

Denn natürlich ergänzen Lebenspläne einander. Im Zusammenwirken mit anderen Menschen und deren verschiedenen Fähigkeiten können Sie viel mehr bewirken, als wenn Sie alles selbst erledigen müssten.

Wenn Ihre Seele geplant hat, im Team mit anderen Ihren Seelenplan zu erfüllen, dann werden diese „Teammitglieder" zum richtigen Zeitpunkt in Ihr Leben treten.

Problematisch wird es allerdings, wenn Sie dann noch nicht bereit sind, Ihre Lebensbestimmung zu erfüllen, weil Sie sich vielleicht zu sehr von anderen Dingen haben ablenken lassen. Dann müssen Ihre Teammitglieder auf Ihre Mithilfe und Ihre spezielle Begabung verzichten und mit viel Mühe versuchen, die gemeinsame Lebensaufgabe ohne Sie zu bewältigen.

Umgekehrt kann es natürlich auch sein, dass Sie längst bereit sind, dass aber die anderen auf sich warten lassen. Sie spüren dann, dass Sie darauf brennen, etwas Bestimmtes zu tun, doch es fehlt noch jemand, um die Aufgabe bewältigen zu können.

In diesem Fall fühlen Sie sich vielleicht frustriert und ausgebremst. Doch bleiben Sie geduldig, der Kosmos wird entweder dafür sorgen, dass Ihre künftigen „Mitarbeiter" doch noch rechtzeitig ihre Aufgabe erkennen und zur Verfügung stehen.

Oder aber, er sendet Ihnen Ersatz. Für wichtige Aufgaben haben die betreffenden Seelen auch immer einen Plan B verabredet. Zum Beispiel werden dann andere Menschen, mit ähnlichen Fähigkeiten wie Ihre ursprünglich geplanten Teammitglieder, in Ihr Leben kommen, so dass Sie Ihren Seelenplan, eventuell in leicht abgeänderter Form, doch noch erfüllen können.

In solchen Fällen sind dann vielleicht Lebensveränderungen nötig, ebenso Änderungen in Ihren Beziehungen. Seien Sie dann offen für die Überraschungen des Lebens. Und bleiben Sie im Vertrauen, Ihre Seele wird Sie führen.

Denn für Ihre Seele ist es das Wichtigste, eine bestimmte Aufgabe zu erfüllen. Wenn sie diese nicht erfüllt, kann das Leben noch so brilliant sein, es ist dann wie bei einem Schulaufsatz, der zwar gut formuliert, aber am Thema vorbei geschrieben ist.

Um das zu vermeiden, ist es wichtig, sich immer wieder die Fragen zu stellen: Was ist mein Thema? Was ist meine Seelenbestimmung? Wie kann ich sie endlich erkennen und erfüllen?

Ja, zunächst ist es Ihre Aufgabe, Ihren Seelenplan überhaupt zu erkennen. Nicht allen Menschen gelingt das. Warum das so ist, warum der Seelenplan erstmal vergessen wird, davon handelt das nächste Kapitel.

WARUM SIE MANCHMAL IHREN SEELENPLAN VERGESSEN

Stellen Sie sich vor, Sie unternehmen eine Geschäftsreise. Zusammen mit Ihrem Geschäftspartner und besten Freund haben Sie genau besprochen, was Sie auf dieser Reise erreichen und wie Sie vorgehen wollen. Ihr Geschäftspartner schickt Sie alleine auf die Reise, weil er in der Firma die Stellung halten muss.

Doch Sie vereinbaren, ständig in Kontakt zu bleiben, um einander auf dem Laufenden zu halten. Ausgestattet mit den gemeinsam erstellten Zielvorgaben machen Sie sich auf den Weg.

Unterwegs haben Sie jedoch ein Erlebnis, das Ihre Erinnerung beeinträchtigt, Sie erleiden eine Art Gedächtnisverlust. Nun sind Sie zwar am Zielort, doch Sie wissen nicht mehr, wer Sie sind und was Sie eigentlich dort wollen. Auch an Ihren Geschäftspartner zu Hause erinnern Sie sich nicht.

Er versucht verzweifelt, Sie zu erreichen, doch Sie haben Ihr Handy ausgeschaltet. Oder vielleicht wissen Sie auch gar nicht, dass Sie eines besitzen. Sie lernen Leute kennen, amüsieren sich, tun vielleicht sogar nützliche Dinge, doch den eigentlichen Zweck Ihres Aufenthaltes an Ihrem Reiseort haben Sie vergessen.

Ihr Geschäftspartner versucht unterdessen, andere Menschen ausfindig zu machen, die Ihnen seine Botschaft übermitteln sollen. Doch Sie wollen diese nicht hören oder glauben sie nicht. Sie bauen sich ein „Ersatz-Leben“ auf, setzen sich vielleicht auch eigene Ziele, doch irgend so ein unbestimmtes Gefühl nagt manchmal in Ihnen und sagt Ihnen, dass Sie eigentlich etwas ganz anderes zu erledigen haben.

Manchmal blitzt auch ein Funken Erinnerung an Ihren ursprünglichen Auftrag auf, doch diese Erinnerungen sind noch so unklar, dass Sie nicht viel damit anfangen können.

Erst ein Schockerlebnis holt möglicherweise Ihre Erinnerung zurück. Endlich wissen Sie wieder, wer Sie sind und was Sie zu tun haben. Nun nehmen Sie vielleicht endlich den Kontakt zu Ihrem Geschäftspartner auf und lassen sich aktuelle Anweisungen zu Ihrem Geschäftstermin geben. Und falls Sie Ihren geplanten Geschäftsabschluss doch noch schaffen, sind Sie so glücklich wie noch nie vorher in Ihrem Leben.

Diese kleine Geschichte soll Ihnen verdeutlichen, wie es zum Vergessen der Lebensbestimmung kommen kann. Das Erlebnis, das den „Gedächtnisverlust“ in Ihnen auslöst, ist Ihre Geburt und Ihre frühe Kindheit. Während dieser Zeit sind Sie noch nicht Sie selbst, sondern identifizieren sich mit Ihren Eltern, am meisten mit Ihrer Mutter.

Das bedeutet, dass Sie die Wünsche und Erwartungen, die Ihre Mutter bewusst oder unbewusst ausstrahlt, übernehmen, als wenn es Ihre eigenen wären. Sie tun also das, was Ihre Mutter von Ihnen erwartet, ohne dass diese das aussprechen muss.

Erst allmählich erkennen Sie, dass Sie ein eigenes Wesen sind. Und während Ihrer Pubertät streben Sie danach, sich von den Ansichten Ihrer Eltern mehr und mehr zu distanzieren und Ihre eigene Wahrheit zu finden.

Später ergreifen Sie einen Beruf, gründen wahrscheinlich auch eine eigene Familie, leben also Ihr eigenes Leben.

Doch trotzdem lassen Sie sich bei Ihrer Lebensplanung von vielen Faktoren fremdbestimmen. Nach wie vor haben Ihre Eltern Einfluss auf Ihre Entscheidungen, auch wenn Ihnen das vielleicht gar nicht bewusst ist.

Auch Ihre Freunde und Ihr Lebenspartner können Sie vom Weg abbringen, wenn Sie mehr die Erwartungen der anderen leben, als Ihre eigene Bestimmung zu erfüllen. Vor allem empathische Menschen laufen Gefahr, dass Sie immer noch, so wie als Kind, zu sehr die unausgesprochenen Erwartungen anderer als ihre eigenen übernehmen.

Je enger ein Mitmensch mit Ihnen in Verbindung steht, desto mehr neigen Sie dazu, seine/ihre Wünsche unbewusst zu übernehmen. Dies ist vor allem in einer Liebesbeziehung oft der Fall. Im Schlaf sind Sie sehr empfänglich für das, was der/die andere ausstrahlt. Deshalb ist auch in einer Liebesbeziehung ein wenig Distanz ratsam, damit jeder Partner sein wahres Selbst leben kann.

Natürlich spielen im frühen Erwachsenenalter auch wirtschaftliche Zwänge eine Rolle. Sie müssen in erster Linie zunächst einfach Geld verdienen für Ihren Lebensunterhalt, für Ihre eigene Wohnungsgründung, für Ihre Familie und für den Lebensstandard, den Sie sich wünschen.

Wenn Sie Ihr Geld dann bereits mit dem Beruf verdienen, der Ihrer Berufung entspricht, ist das gut für Sie. Dann werden Sie sich womöglich in die richtige Richtung weiterentwickeln, Ihre Fähigkeiten optimieren und Ihre Seelenbestimmung relativ leicht erfüllen können.

Wenn Sie dagegen zunächst einen Beruf ergreifen, der so gar nicht zu Ihrer Lebensbestimmung passt und auch keine dahingehenden Entwicklungsmöglichkeiten beinhaltet, dann wird es schwieriger für Sie, und Sie werden vermutlich im Laufe Ihres Lebens zu Richtungswechseln gezwungen werden.

Und manchmal hat Ihr Seelenplan gar nicht unbedingt etwas mit Ihrem Beruf zu tun, sondern muss in einem anderen Lebensbereich erfüllt werden, zum Beispiel in der Herkunftsfamilie oder in der Ehe.

Was auch immer Ihr Seelenplan ist, verurteilen Sie sich bitte nicht, wenn Sie diesen nicht sofort erkennen. Auch das wurde vielleicht vorher so bestimmt. Ihre Seele und Sie haben sich dann womöglich vorgenommen, erst einmal den falschen Weg zu gehen, um zu erfahren, wie sich dieser anfühlt. Danach werden Sie dann umso intensiver das Glücksgefühl des richtigen Weges spüren.

Es kann aber auch sein, dass Ihre Seele Sie schon auf den richtigen Weg geführt hätte, Sie aber nicht hören wollten. Vielleicht haben Sie sich Ihrer wahren Aufgabe verschlossen, weil der andere Weg einfacher war, und weil Sie unbewusst den Erwartungen Ihrer Mitmenschen entsprechen wollten, um dafür Liebe, Lob und Anerkennung zu ernten.

Dann kann es sein, dass Sie ein wohlhabendes, gutes, sicheres Leben führen, Karriere machen, eine harmonische Familie haben, angesehener Teil der Gesellschaft sind und trotzdem immer öfter spüren, dass etwas nicht passt oder noch fehlt.

Dieses Passt-nicht-Gefühl signalisiert Ihnen Ihre Seele, wenn Sie in die falsche Richtung laufen. Mehr dazu können Sie im nächsten Kapitel lesen.

WAS PASSIERT, WENN SIE IN DIE FALSCHE RICHTUNG LAUFEN

Den Seelenplan zu erkennen und zu erfüllen, ist Ihr wahres Lebensziel. Doch ob Sie danach streben, endlich auf Ihre Seele zu hören und Ihren Seelenplan zu verwirklichen, oder ob Sie lieber weiterhin bequem am gewohnten Leben festhalten und das tun, was Ihre Mitmenschen von Ihnen erwarten, ist Ihr freier Wille.

Auch wenn es Ihnen nicht bewusst ist, stehen Sie irgendwann in Ihrem Leben vor dieser Wahl. Ihre Seele fragt Sie vielleicht im Schlaf oder in den Momenten, in denen Sie entspannt vor sich hinträumen.

Vielleicht spüren Sie diese Frage sehr deutlich. Vielleicht nehmen Sie sie zunächst auch nur als ein leichtes Zweifeln an Ihrem bisherigen Lebensweg wahr, wischen diese Zweifel aber rasch beiseite. Es läuft doch gerade so gut in Ihrem Leben, wozu etwas verändern?

Zunächst ignorieren tatsächlich viele Menschen die anfänglichen Seelenimpulse und lassen erst einmal alles beim Alten. Das ist verständlich, denn in der bekannten Komfortzone ist es nun mal bequem.

Doch Ihre Seele gibt nicht auf. Der kosmische Sender Ihrer Seele funkt Ihnen immer wieder zu, was Sie zu erfüllen haben.

Und Ihr körperlicher Seelenanteil nimmt diese Aufforderungen zur Erfüllung Ihrer wahren Pflichten durchaus wahr. Es entsteht ein gewisser Stress in Ihrem Inneren, weil Sie dieser Pflicht immer noch nicht nachgekommen sind.

Es ist wie in der Schulzeit, als Sie es zu lange aufgeschoben hatten, für die Klassenarbeit zu lernen. Je näher der Termin rückte, desto schwerer fiel es Ihnen, den Gedanken an Ihre eigentliche Pflicht wegzudrängen. Und desto verzweifelter wurden Sie innerlich, weil Sie genau wussten, dass Sie es in der kurzen Zeit kaum schaffen würden, das Versäumte nachzuholen.

Gestresst und mutlos mussten Sie dann am Tag der Prüfung erkennen, dass Sie die Aufgaben nicht gut lösen konnten. Und Sie nahmen sich vor, dass Sie sich beim nächsten Mal besser vorbereiten würden.

So ähnlich ist es auch mit den Aufgaben des Lebens. Die Vorbereitung auf die Prüfung entspricht dem Entfalten Ihrer inneren Fähigkeiten, sowie dem Erkennen und Optimieren Ihrer Begabung, damit Ihnen diese Werkzeuge dann helfen, Ihre Lebensbestimmung sicher und gut zu erfüllen.

Wird dies versäumt, entsteht ein innerer Stress. Der Stress der nicht gelebten Seelenbestimmung tritt typischerweise in der Ruhe auf, wenn Sie sich weniger von der Stimme Ihrer Seele ablenken können.

Denn genau dann will Ihre Seele Ihnen das Signal geben, dass die Zeit drängt und Sie sich um Ihre wirkliche Aufgabe kümmern sollten.

Weiterhin kann es auch zu Angstgefühlen kommen. Genauso wie der unvorbereitete Schüler Angst vor der Prüfung hat, entsteht auch in Ihnen eine schwer zu erklärende Angst. Vielleicht können Sie gar nicht beschreiben, was Ihnen so viele Sorgen bereitet, denn äußerlich betrachtet läuft doch alles gut in Ihrem Leben. Trotzdem ist da die unbestimmte Angst, etwas Wichtiges zu versäumen oder nicht rechtzeitig zu schaffen.

Gefühle von tiefer, scheinbar grundloser Traurigkeit können ebenfalls die Folge des falschen Weges sein, den Sie da gerade gehen.

Oder es breitet sich eine Haltung innerer Selbstkritik und Selbstverachtung in Ihnen aus. Dabei möchten Sie sich doch so gerne selbst anerkennen und wertschätzen. Und zwar aus tiefster Seele, nicht nur als „gespielte Maske". Doch wie soll Ihre Seele Sie anerkennen, wenn Sie Ihre Pflicht und Ihre Lebensbestimmung verweigern? Und wenn Sie Ihrer Seele damit die Möglichkeit nehmen, das was eigentlich für Ihr Leben geplant war, zu vollbringen?

Und irgendwann wird Ihnen dann die Energie ausgehen für das Weitergehen auf dem falschen Weg.

Burnout oder sonstige Krankheiten bis hin zur Krebserkrankung sind eine typische „Notbremse“ der Seele. Denn erst wenn Sie nicht mehr weitermachen können, werden Sie innehalten und über Ihr Leben nachdenken. Das ist zumindest die Hoffnung Ihrer Seele.

Wenn Sie allerdings auch diese Hoffnung nicht erfüllen, sondern Ihre Symptome mit Hilfe der modernen Medizin unterdrücken, um weiter in die falsche Richtung laufen zu können, dann schaden Sie Ihrer Gesundheit mehr, als Sie glauben.

Und mit diesem Nichterfüllen der Seelenbestimmung laden Sie sich auch das sogenannte Karma auf, wie es in der Esoterik bezeichnet wird. Sie wissen schon, das „miese Karma“, das dann im nächsten Leben abgetragen werden muss.

Karma muss nicht heißen, dass Sie etwas "Böses" getan haben, dass Sie die moralischen oder juristischen Gesetze übertreten haben. Nein, Karma heißt lediglich, dass Sie Ihre wahre Bestimmung verfehlt haben.

Selbst ein vorbildliches, ethisch korrektes Leben kann also verfehlt sein, wenn Sie Ihren Seelenplan nicht erfüllen. Ihre Seele weist Sie dann mit immer dringlicheren Signalen darauf hin. Wie sie das tut, wie Ihre Seele Sie kontaktieren will, das lesen Sie im nächsten Kapitel.

WIE IHRE SEELE SIE KONTAKTIEREN WILL

Wenn Ihre Seele bemerkt, dass Sie sich im Laufe Ihres Lebens immer weiter von Ihrem vereinbarten Seelenplan entfernen, will sie Ihnen natürlich Signale senden. Das hatten Sie vor Ihrer Geburt so vereinbart, da Ihre Seele ja schon ahnte, wie schwierig es sein würde, sich aufgrund der Fremdeinflüsse an Ihr wahres Ziel zu erinnern.

Ein wichtiges Kommunikationsmittel Ihrer Seele sind Gefühle. Ihre Seele sendet Ihnen die nötigen Wegweiser zunächst über Gefühle.

Wenn Sie etwas tun, das Ihrem Lebensweg entspricht, fühlt sich das einfach gut an. Sie spüren eine tiefe innere Zufriedenheit, vielleicht auch Wärme und Leichtigkeit im Herzen, oder sogar innere Euphorie.

Kennen Sie dieses wunderbare Gefühl, ja, alles ist gut, so wie es ist? Dafür brauchen Sie keine Schokolade, kein Shopping, keine „Happymacher" im Außen. Sie fühlen sich einfach wunderbar glücklich und mit sich selbst im Reinen, wenn Sie etwas Bestimmtes getan oder entschieden haben.

Achten Sie auf dieses Gefühl, es ist als eine volle Zustimmung Ihrer Seele, als ein „Ja, weiter so" zu werten.

Wenn Sie sich jedoch von Ihrem Lebensweg entfernt haben, treten weniger angenehme Gefühle auf. Wie im letzten Kapitel schon beschrieben, kann es zu Stress, Angst, innerer Unzufriedenheit bis hin zu depressiven Verstimmungen kommen.

Ihr Herz fühlt sich vielleicht schwer an, Ihr ganzes Leben fühlt sich mühevoll an, obwohl es das objektiv betrachtet gar nicht ist.

Diese negativen Gefühle sind als Stopp-Signale Ihrer Seele zu werten. „Bitte nachdenken, bitte nicht so weitermachen, bitte Richtungswechsel“, möchte Ihre Seele Ihnen damit zurufen.

Achten Sie bitte auch auf diese Gefühle und nehmen Sie sie ernst. Denn je mehr Sie sich davor verschließen, desto intensiver und drängender will Ihre Seele sich auf diese Weise bei Ihnen bemerkbar machen.

Und wenn Sie gerade an einem Wendepunkt in Ihrem Leben stehen, wenn Sie also eine bestimmte lebensverändernde Entscheidung treffen müssen, wird Ihre Seele Ihnen dieselben Gefühle als Entscheidungshilfen senden.

Beim Gedanken an die richtige Alternative wird Ihr Inneres dafür sorgen, dass es Ihnen warm ums Herz wird. Beim Gedanken an die falsche Alternative wird sich Ihr Inneres dagegen schwer anfühlen.

Die Seelensignale kommen jedoch nicht nur als pure Gefühle wie Freude oder Traurigkeit bei Ihnen an, denn manche Menschen können Gefühle gar nicht mehr wahrnehmen, so sehr haben sie sich vor ihnen verschlossen. Nein, die Seele meldet sich auch mit Hilfe körperlicher Empfindungen.

Es wird Ihnen warm ums Herz, Ihr Gesicht verzieht sich unwillkürlich zu einem Lächeln, Ihr Kopf scheint zu nicken, Ihr Atem wird leicht und frei, in Ihrer Stimme schwingt Freude und Begeisterung mit, wenn Sie über Ihre Pläne sprechen.

All dies sind zustimmende Signale Ihrer Seele und zeigt Ihnen, dass Sie gerade dabei sind, die richtige Entscheidung zu treffen, oder Sie befinden sich bereits auf dem richtigen Weg.

Andrerseits fühlen Sie vielleicht einen Druck im Bauch, Ihr Magen verkrampft sich, Ihr Gesicht nimmt einen schmerzlichen Ausdruck an, Ihre Muskeln verspannen sich, Ihre Bewegungen wirken schwer und mühsam, Ihre Stimme hört sich traurig und verzweifelt an. Ja, selbst Ohrgeräusche und Tinnitus können einfach nur drängende Botschaften Ihrer Seele sein.

Negative Körperempfindungen sind die Signale Ihrer Seele, wenn Sie über etwas nachdenken, etwas planen oder tun, was Sie von Ihrer Lebensbestimmung entfernen würde.

Auch psychische Symptome, wie zum Beispiel depressive Verstimmungen, können als solche Seelensignale dafür angesehen werden, dass Sie gerade nicht im Einklang mit Ihrer Seelenbestimmung leben.

Der amerikanische Psychologe Carl Rogers hat die These aufgestellt, dass alle seelischen Symptome dadurch entstehen, dass Menschen nicht ihr wahres Selbst – er nennt es Selbstaktualisierungstendenz – leben. Und die Heilung solcher Symptome beginnt seiner Meinung nach immer damit, dass die Menschen ihr wahres Selbst wiederentdecken.

Wenn dies nicht geschieht, macht sich eine ungehörte Seele schließlich auch durch körperliche Symptome bemerkbar. So können im Grunde fast alle Krankheiten auch damit erklärt werden, dass Sie nicht im Einklang mit Ihrer Seele leben.

Wenn Sie selbst Ihre Seelensignale nicht verstehen oder nicht richtig deuten, kann Ihre Seele auch durch andere Menschen zu Ihnen sprechen.

Jemand sagt Ihnen dann zum Beispiel, dass Sie etwas ändern sollten, dass beispielsweise dieser Beruf oder diese Beziehung wohl nicht gut für Sie sind, dass Sie sich mehr um Ihre Familie, oder auch mehr um sich selbst kümmern und endlich einmal eine Auszeit nehmen sollten, dass Sie auf Ihr „Bauchgefühl“ hören sollten, und vieles mehr.

Es kann auch sein, dass ein Buch, das Ihnen zufällig in die Hände fällt, ein Lied, dessen Text Ihnen plötzlich ins Bewusstsein dringt, oder ein Fernsehfilm, der Sie berührt, Ihnen wichtige Botschaften zu Ihrem eigenen Leben übermitteln und Sie zum Nachdenken bringen will.

Auch über Träume und Sehnsüchte sendet Ihre Seele Ihnen natürlich Botschaften, die entschlüsselt und verstanden werden wollen.

Und manchmal übernimmt Ihre Seele einfach die Führung und sorgt dafür, dass sich Ihre Lebensumstände so ändern, dass Sie wieder näher zu Ihrer Lebensbestimmung herangeführt werden. Wenn Sie diese Gründe für aufgezwungene Lebensveränderungen nicht verstehen, kann auch das zu Traurigkeit und Ratlosigkeit führen.

Doch hierbei werden Sie im Nachhinein erkennen, dass all dies seinen Sinn hatte, und dass Sie letztendlich glücklicher sind, als wenn alles beim Alten geblieben wäre, auch wenn es Ihnen anfangs schwerfiel, die Veränderung zu akzeptieren.

Sie sehen, Ihre Seele ist sehr einfallsreich, um mit Ihnen wieder in Kontakt zu treten, wenn dieser verloren ging. Wichtig ist, dass Sie solche Seelensignale wahrnehmen und verstehen. Wie Ihnen das gelingt, davon handelt das nächste Kapitel.

WIE SIE LERNEN, IHRE SEELE ZU VERSTEHEN

Wenn Sie die Signale Ihrer Seele besser verstehen wollen, müssen Sie zunächst einmal innerlich auf Empfang gehen und Ihr „inneres Handy“ aktivieren.

Richten Sie Ihre Aufmerksamkeit nicht nur permanent nach außen, sondern gönnen Sie sich auch manchmal Zeit und Ruhe, um nach innen zu hören, wenn Sie das Bedürfnis danach verspüren. Ziehen Sie sich eine gewisse Zeit lang zurück, schalten Sie alle Ablenkungen, wie Radio, Fernsehen und Internet aus, lassen Sie die Gedanken an den Alltag so gut es geht los, und lauschen Sie einfach nach innen.

Achtsamkeit ist zum neuen Trend unserer Zeit geworden, und das ist gut so. Seien Sie achtsam für Ihre innersten Empfindungen, Gedanken und Visionen. Seien Sie achtsam für Ihre Gefühle. Verdrängen Sie „schlechte Gefühle“ nicht einfach, sondern finden Sie heraus, was diese Wut, Angst oder Traurigkeit, die Sie manchmal scheinbar grundlos fühlen, bedeuten könnten. Fragen Sie Ihre Seele, was die Ursache für diese schlechten Gefühle ist. Was genau wollen sie Ihnen mitteilen?

Vielleicht ist Ihr inneres Selbst, Ihre Seele, wütend und traurig, weil sie sich nicht bemerkbar machen kann und mitansehen muss, wie Sie Ihre Bestimmung nicht erfüllen.

Vielleicht erfüllen Sie ja stattdessen die Seelenbestimmung Ihres Partner oder Ihrer Familienangehörigen, und diese pflegen deshalb auch eine sehr gute und enge Beziehung zu Ihnen. Sie halten das, was Sie für Ihre Familienangehörigen tun, vielleicht für Liebe, und Sie ernten dafür auch so etwas wie Gegenliebe und Dankbarkeit. Doch Ihre Seele wünscht sich trotzdem, dass Sie Ihren eigenen Seelenplan erfüllen. Denn dafür sind Sie hier.

Selbstliebe ist auch ein großes Ziel unserer Zeit geworden. Doch Selbstliebe gewinnen Sie nicht, wenn Sie sich nur vor den Spiegel stellen und sagen „Ich liebe mich, so wie ich bin“, so wie es oft empfohlen wird. Solange Sie nicht der oder die sind, die Sie sein sollen, solange Sie nicht Ihr wahres Selbst leben, funktioniert auch das mit der Selbstliebe nur bedingt.

Denn Ihre Seele will nicht, dass Sie nur Ihre Maske lieben, oder die Rolle, die Sie vielleicht spielen, um jemand anderem zu gefallen. Ihre Seele will, dass Sie Ihr wahres Selbst verwirklichen. Wenn Sie dies tun, stellt sich Ihre Selbstliebe ganz automatisch ein.

Achten Sie auch auf Ihre Körperempfindungen und verstehen Sie diese als wichtige Botschaft Ihrer Seele. Fragen Sie Ihre Seele, was Ihnen da gerade „auf den Magen schlägt“, warum Ihr Rücken so schmerzt oder Ihre Haut gereizt ist. Bitten Sie Ihre Seele in ruhigen Rückzugsmomenten um Antworten auf solche Fragen. Und Ihre Seele wird antworten.

Der erste spontane Gedanke, der Ihnen einfällt, nachdem Sie Ihre Frage nach innen gestellt haben, enthält meist die richtige Antwort. Und wenn es sich nur um eine Ja-Nein-Frage handelt, kann das Gefühl, das sich darauf einstellt, die Antwort sein. Ein leichtes, freudiges Gefühl heißt ja, ein trauriges, schweres Gefühl heißt nein.

Das sogenannte intuitive Schreiben ist eine weitere gute Möglichkeit, die Botschaften Ihrer Seele in Worte zu übersetzen. Stellen Sie in Ihren Rückzugsmomenten eine Frage an Ihre Seele, bitten Sie um eine klare Antwort, halten Sie ein Blatt Papier und einen Stift bereit, und beginnen Sie, einfach zu schreiben. Ihre Seele wird Ihnen diktieren, was Sie Ihnen sagen will.

Schreiben Sie schnell und ohne auf Rechtschreibung zu achten alles auf, was Ihnen in den Sinn kommt. Wägen Sie nicht mit dem Verstand ab, ob Ihnen das, was Sie da schreiben, richtig erscheint, sondern schreiben Sie einfach drauf los. Sie werden sich wundern, was Sie dann wenige Minuten später auf Ihrem Blatt lesen können. Dies könnte eine wichtige Botschaft Ihrer Seele an Sie sein.

Wenn Sie tagsüber allzu sehr mit Alltagsdingen abgelenkt sind, wird Ihre Seele Sie auch nachts zu kontaktieren versuchen, indem Sie Ihnen eine schlaflose Stunde oder auch eine ganze schlaflose Nacht beschert.

Ärgern Sie sich dann nicht über Ihre Schlaflosigkeit, sondern sehen Sie diese Stunde, die Sie nur mit sich selbst verbringen können, als ein Geschenk an. Bleiben Sie gelassen und lauschen Sie nach innen. Was will Ihre Seele Ihnen sagen? So manche wertvolle Selbsterkenntnis ist einer schlaflosen Nacht entsprungen.

Meditation ist natürlich der Königsweg, um mit Ihrer Seele in Kontakt zu kommen. Immer mehr Menschen suchen Entspannung in der Meditation. Es gibt viele unterschiedliche Arten der Meditation, und es gibt auch viele Ratgeber, die helfen, das Meditieren zu erlernen.

Aber im Grunde ist es ganz einfach. Wenn Sie einfach frei meditieren wollen, brauchen Sie nichts weiter zu tun, als Ihr Bewusstsein sanft nach innen zu richten, auf Ihren Atem zu achten und Ihre Gedanken einfach fließen zu lassen. Damit schalten Sie sozusagen den Kopf aus und verbinden sich stattdessen mit Ihrer Seele.

Wissenschaftlich ausgedrückt kann man auch sagen, mit Hilfe der Meditation gelangen Sie in den Alpha-Zustand. Das ist ein Bewusstseinszustand, in dem Sie Zugang zum Unterbewusstsein bekommen.

Neben der freien Meditation sind auch geführte Meditationen sehr beliebt.

Wenn Sie nicht die Zeit und innere Ruhe haben, frei zu meditieren, können Sie sich mit einer geführten Meditation wunderbar in Ihr Inneres führen lassen. Es ist wohltuend, sich von einer sanften Stimme und angenehmen Worten in einen meditativen Ruhezustand bringen zu lassen, um dort dann heilende, selbstwertstärkende Worte oder bildhafte Vorstellungen aufzunehmen, die Ihrem Körper und Ihrer Seele gut tun.

Sie können auch Ihren Seelenkontakt mit Hilfe einer geführten Meditation wiederherstellen. Auf der nächsten Seite können Sie hierzu meine Meditation für das Kronenchakra lesen. Dieser Meditationstext entstammt meinem Buch „Chakra Meditationen“. Da das Kronenchakra als Verbindung zur Seele gilt, stelle ich Ihnen diese Meditation nun auch hier vor.

Lesen Sie den nachfolgenden Text zunächst einfach durch. Wenn er Ihnen gefällt, können Sie ihn sich auch vorlesen lassen, um damit in eine leichte Meditationstrance zu gelangen. Auf meiner Website ganzheitlich gesund finden Sie diese Meditation zudem als MP3 zum Download unter www.gesundheit-ganzheitlich.com/chakra-meditationen-download-shop/.

Lesen und genießen Sie nun die Kronenchakra Meditation, bei der es um die Verbindung mit Ihrem kosmischen Seelenanteil geht. Wie bei Meditationen üblich, werde ich Sie hierbei mit Du ansprechen.

Meditation Kronenchakra

Hallo und herzlich willkommen zu einer Meditationsreise, die sanft dein Kronenchakra aktivieren und dich zu dir selbst führen wird.

Du darfst dich ganz auf diese Meditation einlassen, wenn du das willst, du darfst aber auch jederzeit aussteigen, wenn du dich nicht wohl fühlen solltest. Atme dann einfach kräftig durch, bewege dich und öffne deine Augen, wenn du vorzeitig in dein Wachbewusstsein zurückkehren willst.

Wenn du die Meditationsreise bis zum Ende mitmachst, wünsche ich dir viel Freude und inneren Frieden dabei.

Die gesamte Meditation wird rund 20 Minuten dauern. Bist du dazu bereit? Dann wollen wir jetzt beginnen.

Setze oder lege dich bequem hin, deine Beine ruhen nebeneinander auf dem Ruhesessel oder auf der Liege, deine Arme liegen locker neben deinem Körper…

Atme nun ein paarmal tief aus und spüre, wie du allmählich zur Ruhe kommst…, alles, womit du dich gerade noch beschäftigt hast, darf nun für eine Weile ruhen…, alle Gedanken dürfen nun einfach losgelassen werden…

Stell dir vor, wie deine Gedanken einfach weiterziehen…, so wie die Wolken am Himmel…, später kannst du sie dir zurückholen, aber jetzt dürfen deine Gedanken einfach weiterziehen…

Gönne dir nun diese Auszeit…, genieße es, dass es in den folgenden Minuten nur dich gibt…., meine Stimme wird dich führen…, und während du meine Worte wahrnimmst und den Klang meiner Stimme hörst…, kommst du immer mehr zur Ruhe…, immer mehr zur Ruhe…

Deine Augen dürfen sich schließen, wenn sie wollen…, deine Aufmerksamkeit darf sich nun sanft nach innen lenken…

Beobachte deinen Atem…, atme ein… und aus…und ein… und aus…, nimm wahr, wie du mit jedem Einatmen kosmische Energie einatmest…, und wie du mit jedem Ausatmen alles loslassen kannst, was du loslassen willst…

Alles, was du loslassen willst, darf nun gehen…, atme aus… und lass los…, lass los…, lass los… Beobachte noch ein paar Sekunden lang deinen Atem… und nimm wahr, wie dein Atem immer ruhiger wird…

Du bist vollkommen ruhig und gelassen…, dein Atem ist ruhig und gleichmäßig…., ruhig und gleichmäßig…, es atmet dich…

Ganz ruhig und gleichmäßig ist jetzt dein Atem…, ganz ruhig und gleichmäßig…, überlasse deinen Atem nun sich selbst…, lass dich atmen…

Stelle dir nun innerlich vor, dass du dich vor einer schönen Treppe befindest, einer Treppe mit drei Stufen…

Diese Stufen wirst du nun langsam hinabsteigen…, und mit jeder Stufe nach unten kommst du tiefer zur Ruhe…, immer tiefer zur Ruhe…

Du steigst nun die erste Stufe hinab…, deine Muskeln kommen zur Ruhe…, deine Muskeln sind nun vollkommen gelockert…, du kommst immer tiefer zur Ruhe…

Steige nun die zweite Stufe hinunter…, deine Nerven kommen zur Ruhe…, dein Nervensystem harmonisiert sich auf wunderbare Weise, du fühlst dich vollkommen gelöst…, und du kommst immer tiefer zur Ruhe…

Steige nun die dritte Stufe hinunter…, dein Geist kommt jetzt zur Ruhe…, immer deutlicher fühlst du in dir die Ruhe deines Geistes…,

deine Gedanken schalten sich nun immer mehr aus, so als wenn du ein Radio ausschaltest…, nun nimmst du nur noch Ruhe wahr…, du bist jetzt in einer tiefen, tiefen Ruhe…

Du bist nun ganz bei dir selbst…, es ist, als ob du dich in einer wunderschönen Halle befindest…, einer Halle mit sieben Türen…

Du öffnest die siebte Tür und trittst langsam in den Raum ein, der dich nun empfängt…

Dieser Raum erstrahlt in violettfarbenem Licht…, du fühlst dich ganz von wunderbarem, violettfarbenen Licht umgeben…

Du nimmst wahr, wie das violettfarbene Licht deine Sinne öffnet…, wie es deinen Horizont erweitert…, du siehst im violettfarbenen Licht die Weiten des Himmels mit seinen unzähligen Sternen…

Und während du das violettfarbene Licht auf dich einwirken lässt…, nimmst du auf einmal einen besonders hellen Stern am Himmel wahr…

Der Stern wird größer und größer…, er kommt auf dich zu…

Ruhig blickst du ihm entgegen, wie er immer näher heran schwebt und schließlich sanft neben dir landet…

Du siehst jetzt, dass der Stern in Wirklichkeit eine Art Raumschiff ist…, ein eigenartiges Flugobjekt…, ein Raumschiff, das wunderschön leuchtet und eine wunderbare Energie der Leichtigkeit verströmt…

Ruhig und gelassen nimmst du diese leichte Energie in dir auf…, du spürst, wie sie deinen Körper durchströmt…, wie du dich selbst leicht und frei fühlst…, es ist fast so, als ob du schwebst…

Sanft öffnen sich nun die Türen des Raumschiffs…, und eine zarte, engelhafte Stimme bittet dich, einzusteigen zu einer kurzen Reise durch den Kosmos… In wenigen Minuten wirst du wieder hier sein…, aber jetzt darfst du dir diese Reise durch das Universum gönnen…

Du spürst die Liebe, die aus dieser Stimme klingt, und steigst vertrauensvoll in das Raumschiff ein…, sofort fühlst du dich von unbeschreiblicher Liebe und Leichtigkeit umgeben…, du fühlst dich so leicht und frei, wie noch nie zuvor in deinem Leben…

Eine wunderbare Ruhe breitet sich in dir aus…, während du in dem Sternen-Raumschiff durch die Weiten des Universums schwebst…

Dann kommt das Raumschiff zum Stehen…, eine liebevolle Stimme bittet dich, nun auszusteigen...

Du steigst aus und betrittst einen wundervoll erleuchteten Raum…, mitten im Universum…

Du blickst dich um…, und du nimmst eine Gestalt wahr…, eine wunderschöne, lichtglänzende Gestalt…, eine Gestalt, die aussieht wie du…, diese Gestalt kommt nun auf dich zu…

Sie schließt dich in ihre lichtvollen Arme…, und du fühlst dich von einer wundervollen Energie umhüllt…, du spürst ein so inniges Glücksgefühl, wie du es noch nie zuvor gespürt hast…, du hast das Gefühl, dass du endlich gefunden hast, wonach deine Seele suchte…

„Ich bin dein kosmisches Selbst", flüstert die lichtvolle Gestalt dir sanft in dein Ohr…, „schön, dass du endlich hier angekommen bist"… Ströme von Liebe und Leichtigkeit durchfluten dich…

„Ich bin der Teil deiner Seele, der im Kosmos geblieben ist", sagt dein kosmisches Selbst nun sanft…, „erinnerst du dich?..., wir haben gemeinsam deinen Lebensplan erstellt, bevor du in dein irdisches Leben geboren wurdest…, wir habe die Aufgaben definiert, die du in diesem Leben erfüllen willst…

Wir wussten, dass du im menschlichen Körper vieles davon vergessen würdest…, deshalb wollte ich dich vom Himmel aus beobachten… und dich führen, damit du deinen Weg erkennst…, aber du konntest meine Signale nicht immer hören…, deshalb warst du manchmal orientierungslos und hast dich vom Weg abbringen lassen…

Aber jetzt bist du ja hier…, wir werden jetzt die Verbindung zwischen uns erneuern…, so dass du immer in Kontakt mit mir treten kannst…, mich immer hören kannst…"

Mit diesen Worten legt dein kosmisches Selbst einen violettfarbenen Lichtstrahl von seiner Aura hin zu deinem Kopfbereich…, du spürst ganz intensiv die Energie in dein Kronenchakra einströmen…., diese Energie fühlt sich wunderbar an…, sanft und intensiv zugleich…, und voller Wissen und Weisheit…

„Du wirst von jetzt an immer hören, wenn ich zu dir spreche…“, sagt dein kosmisches Selbst. „Ich werde dich führen, wenn du wieder an deinem Platz im Leben bist… und werde dich all das tun lassen, was deiner Bestimmung entspricht…

Du wirst von jetzt an deinen Weg klar sehen…, du wirst immer wissen, was das Richtige für dich ist…, du wirst deine Lebensbestimmung von jetzt an mit Leichtigkeit erfüllen…

Du fühlst von jetzt an völlige Klarheit und Ordnung in deinen Lebenszielen…, du gehst glücklich deinen eigenen Weg…

Du wirst jetzt wieder zurückkehren an deinen Platz im Alltag…, und du wirst nun all das tun, was deiner Lebensaufgabe entspricht…

Diese Aufgabe zu erfüllen, wird dich sehr glücklich machen…, und du wirst dabei einen tiefen inneren Frieden spüren…, du wirst wissen, dass es richtig ist, was du tust…, geh nun deinen Weg, den Weg, den deine Seele für dich gewählt hat…“

Dein kosmisches Selbst nimmt dich noch einmal in die Arme… und entschwindet dann aus deinem Blick…

Aber du siehst den violettfarbenen Strahl, der zu deinem Kronenchakra am Kopf hin strömt…, und du spürst das wunderbare Gefühl, nun für immer mit deinem kosmischen Selbst verbunden zu sein…

Spüre noch ein wenig dieses Gefühl…, und gehe dann wieder zu deinem Raumschiff…, steige ein…, es bringt dich in wenigen Sekunden zurück zu deiner unterirdischen Basisstation….

Dort steigst du aus…, das Raumschiff löst sich einfach in nichts auf…, aber der violettfarbene Energiestrahl hin zu deinem Kronenchakra ist noch da…, ganz deutlich spürst du diese sanfte und doch so intensive Energie…

Du lenkst deine Aufmerksamkeit hin zu diesem Lichtstrahl und fragst dein göttliches Selbst, ob es dich hören kann…

Sofort nimmst du die Antwort wahr: „Ja, ich höre dich…, ich werde dich immer hören… und du wirst immer klar meine Antworten auf deine Fragen vernehmen...

Gehe nun in dein Alltagsleben und erfülle, was es zu erfüllen gibt, ich werde in jedem Augenblick bei dir sein…“

Eine tiefe innere Ruhe erfüllt dich…, nimm diese innere Ruhe jetzt noch ein paar Sekunden lang wahr…

Fühle dich verbunden…

Fühle dich geführt…

Fühle dich fähig, deine Lebensbestimmung zu

erfüllen…

Erkenne den Sinn deines Lebens…

Fühle tiefe Erfüllung in dir…

Nimm dieses Gefühl der Verbundenheit mit in dein Alltagsbewusstsein…

Erinnere dich an den violettfarbenen Strahl…

Erinnere dich, dass dein höheres Selbst auch im Alltag zu dir sprechen wird…, oder dir Signale für deinen Weg geben wird…

Vertraue darauf, dass du die Signale hören und richtig deuten kannst…, vertraue darauf, dass du nun all das erfüllen kannst, was du dir vorgenommen hast für dieses Leben…

Und gehe dann langsam zurück zu der Treppe mit den drei Stufen hin, die dich wieder nach oben zu deinem Alltagsbewusstsein führen wird…

Steige die erste Stufe nach oben…, bewege deine Hände und Füße…, nimm deinen Körper wieder bewusst wahr…, dein Körper ist nun wieder beweglich, aktiv und den Anforderungen des Alltags gewachsen…

Steige die zweite Stufe nach oben…, atme ein paarmal tief durch…, nimm einen tiefen Atemzug der Wachheit… und komme mit deinem Bewusstsein allmählich wieder im Hier und Jetzt an…, erlaube deinen Alltagsgedanken, wieder zu dir zurückzukommen…, aber wisse, dass du jetzt viel gelassener mit ihnen umgehen kannst…

Steige nun noch die dritte Stufe nach oben…, öffne deine Augen…, sieh dich um…, nimm deine Umgebung wieder bewusst wahr…, dehne dich…, räkle dich…, strecke dich…. und erhebe dich langsam aus deiner Ruheposition.

Du bist nun wieder ganz wach und kannst wieder konzentriert deiner Alltagsbeschäftigung nachgehen.

Du darfst aber auch noch ein wenig über diese Meditation nachsinnen, wenn du willst. Du weißt, dass diese Meditation deine Verbindung zu deinem kosmischen Selbst erneuert hat, und dass du dich von jetzt an geführt fühlen kannst. Wiederhole diese Meditation, so oft du das Bedürfnis danach verspürst.

~~~~~~
~~~~~~

So, liebe Leser, das war sie, die Meditation für das Kronenchakra. Ich hoffe, sie hat Ihnen gefallen und unterstützt Sie dabei, Ihre Seele wieder besser zu hören.

Das Kronenchakra ist das siebte Chakra der energieöffnenden sieben Chakren am Körper. Es befindet sich oberhalb Ihres Kopfscheitels. Die anderen Chakren heißen Wurzelchakra, Sakralchara, Solarplexuschakra. Herzchakra, Halschakra und Stirnchakra. Wenn Sie sich dafür interessieren, finden Sie viele Informationen dazu auf meiner Website unter www.gesundheit-ganzheitlich.com/chakra-meditationen/.

Nun aber zurück zu Ihrer Seele. Es gibt noch eine weitere Möglichkeit, um die Absicht Ihrer Seele zu entschlüsseln, das ist die Astrologie. Ihr Geburtshoroskop symbolisiert so etwas wie die Uhr Ihres Lebens, und der sogenannte Lebensalterspunkt zeigt wie ein Uhrzeiger, wo Sie gerade stehen.

Die Planeten symbolisieren wichtige Kräfte und Energien in Ihrem Leben. Und ein Planet ist das Symbol für Ihr wahres Selbst, für Ihre Seele. Dies ist der Planet Saturn. Die Deutung der Position von Saturn in Ihrem Geburtshoroskop hilft Ihnen bei Ihrer Selbsterkenntnis. Mehr darüber lesen Sie im nächsten Kapitel.

WIE DIE ASTROLOGIE HILFT, IHRE SEELENBESTIMMUNG ZU ERKENNEN

Saturn ist der sechste Planet in unserem Sonnensystem. Er ist dabei der äußerste Planet, der noch mit bloßem Auge sichtbar ist. In der Astrologie war Saturn von jeher als „Übeltäter“ verrufen. Dort wo er sich befand, schien er Schwierigkeiten zu verursachen, so die antiken Deutungen.

In der modernen psychologischen Astrologie wird das differenzierter gesehen. Saturn hilft, die Bereiche, in denen er sich befindet, zu strukturieren und zu begrenzen. Man könnte seine Funktion mit einer Art Rationalisierungsmaßnahme in einem Unternehmen vergleichen. Alles Überflüssige wird entfernt, damit eine Konzentration auf die Kernkompetenz möglich ist.

Genauso sehe ich Saturn auch. Er entfernt alles aus dem Leben, was nicht der Kernkompetenz, also dem Seelenplan entspricht. Damit symbolisiert Saturn den kosmischen Teil der Seele, der Sie mit seinen Signalen durchs Leben führt.

In der Chakrenlehre ist Saturn dem Kronenchakra zugeordnet. Sie erinnern sich an die Meditation aus dem vorherigen Kapitel, in der Sie bildlich gesehen ins Weltall reisen, um dort Ihr kosmisches Selbst zu treffen? Dies war eine Reise zu Saturn.

In meiner Vision befinden sich auf diesem Planeten die kosmischen Seelenanteile aller Menschen. Beweisen lässt sich das mit wissenschaftlichen Methoden natürlich nicht, denn Seelenanteile kann man ja nicht sehen. Außerdem, welcher Forscher reist schon mal kurz auf den Saturn, um Seelen zu erforschen?

Und im Grunde ist das auch nicht nötig, denn es geht hier vielmehr um den Symbolcharakter von Saturn.

Saturn entspricht dem kosmischen Teil Ihrer Seele und sendet Ihnen Signale über Ihr Kronenchakra zu, damit Ihr körpereigener Seelenanteil diese wahrnehmen und sich im Leben besser orientieren kann.

Saturn-Signale erinnern Sie an Ihre wahre Lebensbestimmung und daran, wer Sie wirklich sind, so wie die beste Freundin das auch tun würde, die ich im ersten Kapitel skizziert habe.

Doch warum hatte Saturn dann so einen schlechten Ruf bei den antiken Astrologen?

Nun, stellen Sie sich einmal vor, Sie feiern gerade eine wilde Party. Es gibt jede Menge Unordnung, Müll und Chaos. Wie würden Sie dann einen „Moralapostel“ empfinden, der Ihnen sagt, dass Sie das jetzt aber wieder aufräumen müssten?

Zudem erinnert er Sie daran, dass Sie sich ohnehin besser auf Ihre Schularbeit vorbereitet hätten, als hier wild zu feiern. Sehen Sie, deshalb wird Saturn auch gerne als Miesmacher empfunden.

Doch wer schon einmal nach einer durchfeierten Nacht mit einem Brummschädel aufgewacht ist, mühsam das Chaos in seiner Wohnung beseitigt und zudem am selben Tag noch eine Mathearbeit vor sich hat, der weiß, dass er besser doch auf Saturn gehört hätte.

So ähnlich sieht es mit der Menschheit als Kollektiv gerade aus, aber auch mit jedem Einzelnen von uns. Haben Sie lieber fröhlich gelebt, auch auf Kosten unserer Erde, anstatt Ihre Lebensbestimmung zu erfüllen? Dann kann es schon sein, dass Sie dies irgendwann bereuen.

Saturns Signale sind vor allem dann zu spüren, wenn er in Ihrem Lebenshoroskop gerade wichtig ist. Das ist dann der Fall, wenn Ihr Lebensalterspunkt, (ein Punkt, der wie ein Uhrzeiger durch Ihr Horoskop läuft) Ihren Saturn berührt.

Die Signale sind aber auch dann zu spüren, wenn der aktuelle Saturn wieder an derselben Position steht, an der er zum Zeitpunkt Ihrer Geburt stand. Dies ist rund alle 28 bis 30 Jahre der Fall, denn so lange braucht Saturn für seinen Durchlauf durch die zwölf Tierkreiszeichen.

Etwas schwächer sind Saturn-Signale zu spüren, wenn der aktuelle Saturn in einem bestimmten Winkel zu Ihrem Geburtssaturn steht. Solche Winkelverbindungen werden in der Astrologie als Aspekte bezeichnet und zeigen immer wichtige Punkte im Leben an.

Weiterhin kommt es darauf an, wie günstig, stark oder einflussreich Saturn in Ihrem Geburtshoroskop ausgeprägt ist. Genauso günstig, stark oder einflussreich wird sein strukturierender Einfluss auf Ihr Leben sein.

Saturn wird sich mit der Energie bemerkbar machen, die dem Tierkreiszeichen entspricht, in dem er stand, als Sie geboren wurden. Da er sich dort aber über mehrere Jahre aufhielt, ist dies eher ein Generationenaspekt.

Persönlicher ist es, zu ermitteln, welchen Lebensbereich Saturn bei Ihnen strukturieren und auf das Nötige begrenzen will, damit Sie nicht zu sehr von Ihrem Seelenplan abgelenkt werden. Dieser Lebensbereich ist daraus zu ersehen, in welchem astrologischen Haus Saturn in Ihrem Geburtshoroskop steht.

Wenn Sie Näheres über Ihre Seelenbestimmung und Ihr wahres Selbst herausfinden wollen, ist eine astrologische Deutung von Saturn in Bezug zu anderen Horoskop-Elementen sehr hilfreich.

Gerne deute ich Ihr Horoskop individuell im Rahmen meiner astrologischen Beratung (www.psychologische-beratung-kallert.de/horoskopanalyse/).

Für erste Hinweise gebe ich Ihnen gerne einen kurzen Überblick über die Saturn-Deutungen aller Horoskopstellungen.

Dabei steht Saturn jeweils in einem bestimmten Tierkreiszeichen, das heißt, er symbolisiert eine bestimmte Energie, einen bestimmten Zeitgeist im Leben einer Person.

Diese Zeitgeist-Energie soll dann je nach der individuellen Häuserstellung in einem bestimmten Lebensbereich verwirklicht werden. Saturn begrenzt diesen Lebensbereich dann oft, um ihn auf das Wesentliche, also auf die Erfüllung Ihrer Lebensbestimmung, zu fokussieren.

Je nach Ihrer inneren Einstellung empfinden Sie das dann vielleicht als nervig, weil Sie nicht alles tun können, was Sie wollen. Oder Sie empfinden es als hilfreiche Unterstützung von jemandem, der besser weiß, was Sie eigentlich in Ihrem Leben erreichen wollen, als Sie es selbst wissen.

Es bleibt Ihnen überlassen, ob Sie Ihren guten alten Freund Saturn als Grenze oder Stütze empfinden.

Nun nenne ich Ihnen kurz die astrologischen Saturn-Deutungen:

- Saturn in Widder verleiht Ihnen ein gesundes Konkurrenzdenken, Wettbewerbsfähigkeit, Mut und Pioniergeist.

- Mit Saturn in Stier haben Sie Energie, um sich solide Werte und Wertvorstellungen für Ihr Leben zu erarbeiten.

- Saturn in den Zwillingen schärft Ihren Verstand, Ihre Lernbereitschaft für die Aufnahme von Informationen, Ihre Kommunikationsfähigkeit, sowie auch Ihre Fähigkeit im Handel tätig zu sein.

- Saturn in Krebs lenkt Ihre Aufmerksamkeit auf Ihre Gefühle, auf Ihr Privatleben, Ihre Familie, Ihr inneres und äußeres Zuhause.

- Saturn in Löwe verleiht Ihnen eine verantwortungsbewusste Kreativität, macht Ihnen also klar, dass Sie für alles, was Sie erschaffen, selbst verantwortlich sind.

- Saturn in der Jungfrau fördert Ihre Bescheidenheit, Ihren Willen zu dienen, Ihr Gesundheitsbewusstsein und Ihr strukturiertes Arbeiten.

- Saturn in der Waage verleiht Ihnen Beziehungsverantwortung, Gerechtigkeit, Diplomatie und die Fähigkeit zu einem harmonischen Miteinander.

- Saturn in Skorpion stattet Sie mit Macht und einem starken Forscherdrang aus, der danach strebt, den Dingen auf den Grund zu gehen.

- Saturn in Schütze verhilft Ihnen zu Intuition und Weisheit in den Fragen nach Lebenssinn und Lebensphilosophie.

- Saturn in Steinbock verlangt von Ihnen, öffentliche Verantwortung zu übernehmen.

- Saturn in Wassermann will Freiheit und Verantwortungsbewusstsein miteinander verbinden.

- Saturn in Fische verbindet Sanftheit und bedingungslose Liebe mit der Verantwortung, das irdische Leben zu meistern.

Dies also ist die Saturnenergie, die Sie bei Ihrer Geburt mitbekommen haben. Aus Ihrem Horoskop ist ablesbar, welche Saturnenergie bei Ihnen vorherrscht. Diese strukturierende Energie gilt es nun in einen bestimmten Lebensbereich einzubringen, was anhand Ihrer astrologischen Häuserstellung ersichtlich ist.

1. Saturn im ersten Haus will, dass Sie lernen, Selbstdisziplin und Selbstverantwortung für Ihr Leben und für Ihren Körper zu übernehmen.

2. Mit Saturn im zweiten Haus ist Ihr wichtigstes Lebensthema das Entwickeln eines gesunden Selbstwertes, sowie einer soliden finanziellen Lebensbasis.

3. Saturn im dritten Haus zeigt Ihnen, dass Sie über die Sprache Ihr wahres Selbst zum Ausdruck bringen sollen.

4. Saturn im vierten Haus will, dass Sie sich vor allem um familiäre Belange, um Ihr Privatleben und um Ihre Gefühle kümmern.

5. Saturn im fünften Haus verlangt, dass Sie verantwortungsbewusst mit Ihrer Kreativität umgehen.

6. Saturn im sechsten Haus lenkt Ihren Fokus darauf, der Gesundheit und Seelengesundheit Ihrer Mitmenschen dienlich zu sein.

7. Saturn im siebten Haus will, dass Sie sich in Teams und Beziehungen verwirklichen.

8. Saturn im achten Haus verlangt, dass Sie Ihre innere Macht erforschen und diese verantwortungsbewusst anwenden.

9. Saturn im neunten Haus will, dass Sie Ihre eigene Lebensphilosophien entwickeln und lehren.

10. Saturn im zehnten Haus macht es zu Ihrem Anliegen, beruflich das zu tun, was Ihrer Berufung entspricht.

11. Saturn im elften Haus weckt Ihr Interesse für das Gruppenbewusstsein, im Idealfall für das Wohl der ganzen Menschheit.

12. Mit Saturn im zwölften Haus gehört es zu Ihrer Aufgabe, sich um Hilflose, Kranke und Außenseiter zu kümmern.

Meist steht Saturn auch mit anderen Planetenkräften Ihres Geburtshoroskops in Beziehung. Diese Beziehungen zwischen den Planeten heißen Aspekte.

Wenn es sich um harmonische Winkelbeziehungen zu anderen Planetenkräften handelt, bedeutet das, dass es innerhalb oder auch außerhalb von Ihnen Energien gibt, die Sie beim Verwirklichen Ihrer Seelenbestimmung unterstützen.

Handelt es sich dagegen um spannungsgeladene Winkelaspekte, werden Sie dies auch in Ihrem Leben spüren. Dann werden bestimmte Kräfte in Ihrem Inneren oder auch Menschen im Außen erschwerend auf Ihre Selbstfindung einwirken.

Sie finden das ungerecht? Nun, ich nehme an, Ihre Seele hat sich genau diese Bedingungen ausgesucht. Genau wie ein Sportler unter immer schwierigeren Bedingungen trainiert, um wahre Meisterschaft zu erlangen, hat sich auch Ihre Seele ein bestimmtes Schwierigkeitslevel für Ihr Leben und Ihre Selbstverwirklichung ausgewählt.

Aber Ihre Seele hat Sie auch mit den Fähigkeiten ausgestattet, um Ihr persönliches Schwierigkeitslevel zu meistern und Ihre Seelenbestimmung zu verwirklichen.

Zudem gilt Saturn auch als der „Herr des Karmas." Karma bedeutet Ausgleich für das, was in früheren Leben versäumt wurde.

Ich weiß nicht, ob Sie an Reinkarnation und Karma glauben, aber ich habe erkannt, dass sich das Leben nur damit wirklich erklären lässt. Vieles ergibt einen höheren Sinn und lässt sich besser akzeptieren, wenn man es im Kontext früherer Leben betrachten kann.

Doch auch wenn Sie nicht an Reinkarnation glauben, erkennen Sie sicher, wie sinnvoll es ist, ein Leben im Einklang mit den Absichten Ihrer Seele zu führen. Lesen Sie nun im nächsten Kapitel, wie Sie Ihr Leben nun auf das Erfüllen Ihres Seelenplans ausrichten können.

WIE SIE IHR LEBEN AUF IHREN SEELENPLAN AUSRICHTEN

Irgendwann in Ihrem Leben kommt die Zeit, in der Sie erkennen, was Sie wirklich wollen, was Ihre tiefste Sehnsucht ist, was Ihnen so wichtig ist, dass Sie dafür bereit sind, Ihr Leben ganz neu auszurichten. Da Sie gerade dieses Buch lesen, ist wohl genau jetzt der richtige Zeitpunkt dafür gekommen, alles zu tun, was Sie in die richtige Richtung führt.

Sie verspüren immer deutlicher die Signale Ihrer Seele und wollen Ihren Seelenplan erfüllen? Vielleicht ist Ihnen zunächst gar nicht bewusst, warum Ihre Interessen und Ziele auf einmal in eine ganz neue Richtung gehen, aber Sie spüren, es geschieht einfach etwas mit Ihnen.

Vielleicht wissen Sie aber auch schon recht genau, was da mit Ihnen geschieht, und dass es um Ihre Selbstfindung und um Ihren Seelenplan geht. Dann ist es hilfreich, wenn Sie die Dinge nicht nur geschehen lassen, sondern ganz bewusst die Absicht äußern, dass Sie Ihr Leben von jetzt an auf Ihre Seelenbestimmung ausrichten wollen.

Eine bewusste Absichtserklärung ist ein machtvolles Mittel, um Ihre Lebensziele zu verwirklichen. Nun, nachdem Sie vielleicht schon vieles erreicht haben im Leben, richtet sich Ihre Absicht auf das Erfüllen Ihrer Lebensbestimmung.

Ihre Absichtserklärung kann sehr gut mit Hilfe einer Affirmation formuliert und ausgesprochen werden. Eine Affirmation besteht aus kurzen, positiven Sätzen, mit denen Sie klar und präzise sagen, was Sie erreichen wollen.

So könnte Ihre Affirmation für das Erfüllen der Seelenbestimmung lauten:

~~~

Ich habe von jetzt an die Absicht, meine Seelenbestimmung zu erfüllen.

Ich weiß in meinem tiefsten Inneren, wie meine Seelenbestimmung lautet.

Ich erkenne in meinem tiefsten Inneren, was ich tun kann, um meine Seelenbestimmung zu erfüllen.

Ich folge voller Liebe und Hingabe meinen inneren Seelenimpulsen.

Ich tue von jetzt an mutig und entschlossen das, was meiner Seelenbestimmung entspricht.

Ich erkenne, wie mir alles zufließt, was ich für meine Seelenbestimmung brauche.

Ich erlebe, wie ich vollkommen gesund und glücklich bin, wenn ich meine Seelenbestimmung erfülle.

~~~

Sprechen Sie sich diese Affirmation immer wieder selbst vor, oder schreiben Sie sie auf ein Blatt Papier, das Sie immer bei sich tragen.

Worte wirken sehr machtvoll, und die Absichtserklärung oder Affirmation für Ihre Lebensbestimmung wird Ihnen helfen, sich in die richtige Richtung weiterzubewegen. Sie werden Ihre Seelensignale immer besser hören und deuten können.

Und wenn Sie Ihre Seelensignale deutlich verstehen, spüren Sie vielleicht, dass es Zeit ist, manche Dinge in Ihrem Leben zu ändern. Je deutlicher Ihre Seele Sie anfunkt, desto drängender wird Ihre Sehnsucht nach Veränderung.

Möglicherweise zielt Ihr Veränderungswunsch auf einen bestimmten Lebensbereich ab. Vielleicht hinterfragen Sie Ihre Beziehung und stellen sie auf den Prüfstand. Lohnt es sich, Beziehungsarbeit zu leisten, oder ist eine Trennung besser und ehrlicher, weil es schon lange nicht mehr stimmt zwischen Ihrem Partner / Ihrer Partnerin und Ihnen?

Können Sie sich gemeinsam mit Ihrem Partner in Richtung Ihrer Seelenbestimmung weiterentwickeln? Toleriert Ihr Partner, dass sich Ihre Interessen verändern und dass auch Sie sich verändern, weil Sie immer mehr Ihr wahres Selbst zum Ausdruck bringen möchten?

Oder bringt er Ihnen Widerstand entgegen, signalisiert Ihnen vielleicht, dass er Ihr neues Selbst nicht liebt, sondern dass er Sie weiterhin so haben will, wie er Sie bisher kannte?

Lehnt er auch die Lebensveränderungen ab, die Sie anstreben? Dann gilt es abzuwägen, ob Sie weiterhin Energie und Überzeugungsarbeit leisten wollen, den Weg gemeinsam weiterzugehen, oder ob es eventuell einfacher ist, Ihre Energie auf eine Trennung und einen Neuanfang zu richten. Ihre Seele wird Ihnen signalisieren, was für Sie der bessere Weg ist und was Ihre Chance auf das Erfüllen Ihrer Lebensbestimmung erhöht.

Und vielleicht schafft das Leben auch einfach Tatsachen für Sie. Vielleicht kommt eine dritte Person in Ihr Leben, die die Funktion hat, Ihre nicht mehr entwicklungsfähige Beziehung zu trennen. Oder aber es geschieht etwas, das Sie wieder näher mit Ihrem Partner zusammenbringt und in Ihnen den Wunsch entstehen lässt, gemeinsam ein bewusstes, erfülltes Beziehungsleben zu gestalten.

Ihr kosmischer Seelenanteil, der stets den besseren Überblick hat, prüft sehr sorgfältig alle Möglichkeiten und findet heraus, was für Sie das Beste ist, und was Ihrem Seelenplan am ehesten entspricht. Das gilt nicht nur für die Partnerschaft, sondern auch für alle anderen Beziehungen.

Sind Ihre Familienmitglieder und Freunde Unterstützer Ihres neuen Weges hin zu Ihrer Seelenbestimmung? Oder wollen diese Sie eher davon abhalten, werfen Ihnen vielleicht sogar vor, dass Sie sich so sehr verändert haben? Auch hier wird Ihre Seele dann möglicherweise Trennungen und neue Beziehungen für Sie erschaffen.

Genauso wird es in allen anderen Bereichen sein, die nicht Ihrem Seelenplan entsprechen. Ist Ihr Veränderungswunsch vielleicht auf Ihren Beruf und Arbeitsplatz gerichtet? Oder auf Ihren Wohnort?

Was immer sich nicht mehr richtig für Sie anfühlt, dürfen Sie verändern. Oft können Sie aktiv etwas dafür tun, zum Beispiel sich um einen neuen Arbeitsplatz bewerben, der Ihnen mehr Möglichkeiten gibt, Ihre Bestimmung zu erfüllen, oder sich eine neue Wohnung suchen, um dorthin zu gelangen, wo Ihre Seele wirken will.

Manchmal reicht aber auch hier zunächst die Absichtserklärung in Form eines Gebets oder einer Affirmation.

Werden Sie sich darüber klar, was sich nicht länger gut anfühlt in Ihrem Leben, drücken Sie dann mit Worten aus, wie es stattdessen sein sollte, und bekräftigen Sie dies mit einer Affirmation oder auch mit einem innigen Gebet.

Und lassen Sie dann einfach Veränderung geschehen. Seien Sie achtsam, welche Möglichkeiten Ihnen das Leben bietet, und nehmen Sie diese dann dankbar an, wenn sie sich richtig anfühlen.

Machen Sie sich möglichst frei von Idealvorstellungen, wie der neue Beruf, der neue Partner oder die neue Wohnung sein müssten, um Ihnen zu gefallen. Manchmal weiß Ihre Seele besser als Ihr möglicherweise immer noch fremdgesteuerter Verstand, was Sie wirklich brauchen, um sich optimal zu Ihrem Seelenplan hinbewegen zu können.

Nehmen Sie die Möglichkeiten an, die das Leben Ihnen bietet. Lassen Sie Ihr Leben fließen. Vertrauen Sie darauf, dass Ihre Seele Ihnen genau das zukommen lässt, was Sie brauchen, jetzt, nachdem Sie Ihre Absicht geäußert haben, dass die Erfüllung Ihrer Seelenbestimmung absolute Priorität hat.

Wenn auch manches anders kommt in Ihrem Leben, als Sie es sich vielleicht vorgestellt haben, werden Sie doch innerlich fühlen, dass es nun genau passt, so wie es gekommen ist. Und genau dieses „Ja-es-passt-Gefühl" ist ein wichtiger Indikator dafür, dass Sie wirklich auf Ihrem Seelenweg sind.

Lesen Sie im nächsten Kapitel mehr darüber, wie Ihr Leben sich anfühlt, wenn Sie wieder im Einklang mit Ihrer Seele sind.

WIE SICH IHR LEBEN IM EINKLANG MIT IHRER SEELE ANFÜHLT

Dieses Kapitel will ich mit einem Spruch beginnen, den ich neulich in meinem alten Poesiealbum gelesen habe.

Dein wahres Glück oh Menschenkind,
oh glaube doch mitnichten,
dass es erfüllte Wünsche sind,
es sind erfüllte Pflichten.
Karl von Gerok

Ich glaube, dieser Spruch beschreibt nicht so sehr die Alltagspflichten, sondern das Glück der erfüllten Seelenpflichten. Ja, wenn die Seele sich gehört fühlt und spürt, dass Sie Ihre Lebensbestimmung erfüllen wollen, schenkt sie Ihnen Glücksgefühle. Mitunter sind diese Glücksgefühle der Seele unbeschreiblich, es ist ein inneres Jubeln, das sich durch kein äußeres Glück erreichen lässt.

Der eingangs zitierte Spruch macht aber auch deutlich, dass viele Menschen ihr Glück heutzutage auf dem falschen Weg suchen. Sie erwarten glücklich zu sein, sobald sich ihre Wünsche erfüllen. Wunscherfüllung ist zum großen Thema der letzten Jahre geworden. Viele Bücher versprechen, dass sich alle Wünsche erfüllen, wenn man nur positiv und intensiv genug daran denkt.

Doch selbst wenn dies gelingt, wenn sich Ihre Wünsche mit Hilfe Ihrer Gedankenkraft wirklich erfüllen, dann heißt das noch lange nicht, dass Sie damit auch auf Dauer glücklich werden.

Das Traumhaus, das Sie sich so sehr gewünscht haben, der Traumjob oder die Traumreise, selbst ein riesiger Lottogewinn sind kein Garant für dauerhaftes Lebensglück.

Wenn Sie jedoch Ihre Seelenpflicht erkennen, diese erfüllen, so mühsam es auch sein mag, dann macht Sie das nachhaltig glücklich. Sie spüren dann ein tiefes inneres Glück darüber, dass Sie alle Hürden überwunden und Ihre Seelenaufgabe erfüllt haben.

Es ist ein wenig wie in der Schule. Erinnern Sie sich an solche mit Hausaufgaben verbrachten Nachmittage? Sicher hätten Sie damals auch lieber mit Ihren Freunden draußen gespielt, aber Sie haben sich zuerst Ihrer Pflicht gewidmet, den Hausaufsatz geschrieben, und nun stand er fein säuberlich in Ihrem Heft und Sie waren so richtig zufrieden mit sich: Pflicht erfüllt, der nächste Schultag konnte kommen.

So ähnlich fühlen Sie sich, wenn Sie irgendwann im Laufe Ihres Lebens die Pflicht erkennen, Ihren Seelenplan zu erfüllen. Und diese Pflicht hat ein jeder von uns.

Das folgende Zitat spricht diese Notwendigkeit aus:

Du hast eine Aufgabe zu erfüllen. Du magst tun, was du willst, magst hunderte von Plänen verwirklichen, magst ohne Unterbrechung tätig sein – wenn du aber diese eine Aufgabe nicht erfüllst, wird alle deine Zeit vergeudet sein. – Dschalal ad-Din Muhammed Rumi

Eine bestimmte Aufgabe zu erfüllen ist nach den Worten des bekannten Schriftstellers aus dem Mittelalter der Sinn des Lebens. Und Ihre Seele will Sie dazu anleiten und darauf vorbereiten, diese Aufgabe zu erfüllen.

Das heißt, irgendwann verspüren Sie die Aufforderung Ihrer Seele, sich um Ihre wahre Pflicht zu kümmern. Von da an wird sich Ihr Leben verändern, Sie selbst werden sich verändern, Ihre Interessen werden sich verändern.

Sie werden plötzlich viel Zeit damit verbringen wollen, nach innen zu lauschen. Sie werden vielleicht neue, verrückte Dinge tun, über die Ihr eigener Verstand (und Ihre Umwelt) nur den Kopf schütteln.

Sie werden so manches loslassen (müssen), was Ihnen in Ihrem bisherigen Leben wichtig war. Ob das aus einer bewussten Entscheidung heraus geschieht oder einfach passiert, ist unterschiedlich. Aber Sie werden erkennen, dass sich vieles aus Ihrem bisherigen Leben verabschiedet, ja einfach auflöst.

Alles, was Ihnen nicht dazu dient, Ihre Bestimmung zu erfüllen, sondern Sie vielmehr davon abhalten würde, verlässt Ihr Leben.

Das kann manchmal ganz schön verwirrend sein und zu Unsicherheiten und Zweifeln führen, wenn sich das alte Leben auflöst, das neue Ziel aber noch nicht konkret sichtbar ist. Und dieser Prozess kann mitunter Jahre dauern. Jahre, in denen Sie von Ihrer Seele geführt werden, das zu tun, was Ihnen hilft, Ihre Lebensbestimmung zu erfüllen.

Geduld, tiefes Vertrauen und auch eine gewisse Demut vor den kosmischen Kräften Ihrer Seele sind notwendig, während Sie diese Zeit der Unklarheit durchleben. Und haben Sie bitte nicht die Erwartung, das ließe sich abkürzen, wenn Sie nur mit mehr Eifer daraufhin arbeiten.

Manche Menschen denken, Sie buchen ein paar Selbstfindungsseminare oder wandern einmal auf dem Jakobsweg, und schon ist die Lebensbestimmung erkannt, kann erfüllt werden und fertig.

So einfach ist es leider nicht. Zumindest nicht für jeden. Der Weg der Selbstfindung ist ein sehr persönlicher Weg, er verläuft bei jedem anders. Das sollten Sie wissen, damit Sie sich beim Erkennen des Seelenplans nicht denselben Erfolgsdruck auferlegen, wie Sie es vielleicht früher bei Ihrer Karriere oder anderen Zielen getan haben.

Wenn Sie einfach nur Ihrer Seele folgen, erhalten Sie das Vertrauen und die Gelassenheit, dass alles gut ist, so wie es ist, und dass Sie auf dem richtigen Weg sind, selbst dann, wenn Sie sich wie von dichtem Nebel umhüllt fühlen und erstmal keinen Weg erkennen.

Und ja, es gibt Zeiten von Unsicherheit, Zweifeln, und des Nicht-mehr-weiter-Wissens. Doch Ihre Seele führt Sie wie ein Navigationssystem durch alle Zweifel und Unsicherheiten. Sie bringt Ihnen im richtigen Moment die richtigen Erkenntnisse, die richtigen Handlungsimpulse und, wenn nötig, auch die richtige Unterstützung für Ihren Seelenweg.

Stellen Sie sich vor, dass Sie auf der Autobahn im Stau stehen, es geht kaum vorwärts. Das ist ein Symbol für das Leben, das Sie vielleicht bisher im Einklang mit dem Massenbewusstsein geführt haben, in dem Sie Karriere machten, wie alle anderen, Statussymbole anhäuften, wie alle anderen und lebten, wie alle anderen.

Doch Sie können sich auch anders entscheiden. Sie können, ähnlich wie beim Autostau, symbolisch den Blinker setzen und abfahren, auch wenn Sie dafür unbekannte, neue Wege in Kauf nehmen müssen. Und auch, wenn Sie möglicherweise zunächst einsam und allein auf weiter Flur unterwegs sind und Gefahr laufen, nicht auf Anhieb den richtigen Weg zu finden, werden Sie es trotzdem genießen zu fahren.

Einfach neue Wege erkunden, statt im Stau der Masse stehenzubleiben, ist oft der Anfang zum Erfüllen Ihres Seelenplans. Genau wie beim Stau auf der Autobahn können Sie sich vom Massenbewusstsein entfernen und Ihren eigenen Weg im Einklang mit Ihrer Seele finden.

Und diesen neu entdeckten Wegen können andere dann ein Stück weit folgen. Es ist immer einfacher, wenn man nachts auf einsamen Straßen das Licht eines Vorausfahrenden vor sich sieht.

So wird es sich immer mehr ausdehnen, das Bewusstsein, dass nur ein Leben im Einklang mit der Seele in eine erfüllende, lebenswerte Zukunft führt. In eine Zukunft voll wunderbarer Augenblicke, auch wenn dies zunächst mehr Aufmerksamkeit und Mühe erfordert, als weiterhin nur geradeaus zu fahren.

Sie werden dabei erkennen, wie schön die Welt ist, wie spannend und aufregend das Leben sein kann, wie Sie plötzlich wieder frei atmen und fühlen, an wie vielen Weggabelungen Sie sich von Ihrem „Seelenkompass" weiter in neues Terrain führen lassen können, wie Sie wieder Dinge wahrnehmen und genießen, die Sie auf Ihrer eintönigen Massen-Autobahn längst vergessen hatten.

Egal, wo Sie die neuen Wege dann auch hinführen, Sie werden dabei vor allem eines finden, die Liebe zu sich selbst und zum Leben.

Sie werden wieder das Leben lieben, und zwar Ihr eigenes individuelles Leben, das Sie so wunderbar im Einklang mit Ihrer Seele leben. Zwar fühlt sich dieses Leben oft erst einmal neu und ungewohnt an, und manchmal ist es auch ganz schön mühsam, aber es macht Sie trotzdem nachhaltig glücklich. Nicht immer, aber immer öfter. Der bekannte Werbespruch passt auch hier ganz genau.

Wenn Sie sich auf den Weg machen, Ihren Seelenplan zu erfüllen, werden Sie nicht 24 Stunden am Tag nur „happy" sein, dieses Versprechen kann ich Ihnen nicht machen. Aber Sie werden eine zunehmende innere Zufriedenheit und Gelassenheit spüren und ein tiefes Vertrauen, dass Sie geführt werden, und dass Sie stets das Richtige tun.

Und je näher Sie Ihrer Seelenbestimmung kommen, desto öfter stellen sich auch diese unbeschreiblichen Glücksgefühle ein. Genießen Sie dann diese Momente, seien Sie stolz auf sich, dass Sie den Mut haben, Ihren Weg zu gehen. Und seien Sie dankbar, dass Ihre Seele nicht aufgehört hat, Sie wachzurütteln, bis Sie ihr endlich gefolgt sind.

Der schönste Lohn für das Erfüllen der Seelenbestimmung ist, dass Sie Lebensenergie für ein glückliches, gesundes, langes Leben erhalten. Mehr dazu erfahren Sie im nächsten Kapitel.

WIE IHRE SEELE SIE LANGE GESUND UND GLÜCKLICH LEBEN LÄSST

Was ist nötig, damit Sie gesund und vital sind, oder es wieder werden und auch bleiben? Nun, manche Stimmen sagen, dass eine gesunde Ernährung wichtig ist, die alle Vitamine und Mineralstoffe enthält. Weiterhin wird Bewegung an der frischen Luft als gesundheitsfördernd angesehen. Ausreichend Schlaf und die Fähigkeit, gut entspannen zu können, tun Ihrer Gesundheit ebenfalls gut.

All das ist richtig. Aber was Ihr Körper wirklich braucht, ist Lebensenergie, diese geheimnisvolle Energie, die bei der Geburt in Ihren Körper „eingehaucht" wurde, damit er, losgelöst von der mütterlichen Nabelschnur, seine biologischen Funktionen, wie zum Beispiel atmen, essen und verdauen, ausführen kann.

Im Lauf seiner ersten Lebensjahre entwickelt der kleine Körper dann immer mehr Fähigkeiten, er lernt immer besser, seine Umgebung wahrzunehmen, zu gehen, zu sprechen, später wird dann seine Lernfähigkeit für die Schule entwickelt und vieles mehr.

Für all diese Funktionen braucht ein Körper Lebensenergie. In den chinesischen Gesundheitslehren wird diese Energie als Chi, in Indien als Prana bezeichnet.

Die westliche Medizin hat das Molekül Adenosintriphosphat (ATP) als biochemischen Speicher und Überträger von Lebensenergie erkannt.

Diese Lebensenergie entsteht im Stoffwechsel aus der Nahrung. Biochemiker können genau berechnen, wieviel ATP zum Beispiel beim Verstoffwechseln von Fetten oder Kohlenhydraten entsteht. Und sie können auch berechnen, wieviel ATP bei anderen Reaktionen, so zum Beispiel beim Entgiften von schädlichen Stoffwechselsubstanzen, verbraucht wird.

Es ist im Grunde nur eine ganz einfache Bilanz nötig: Wer mehr ATP gewinnt als er verbraucht, erhält seinen Körper gesund und funktionsfähig.

Ein Mangel an Lebensenergie dagegen macht müde, krank und führt zum Verfall des Körpers. Alle chronischen Krankheiten – von Burnout bis hin zur Krebserkrankung - haben als grundlegendste Ursache einen Mangel an Lebensenergie.

Lebensenergieverbrauchende Substanzen des Stoffwechsels entstehen aber nicht nur, wenn Sie sich „falsch" ernähren, sie entstehen auch bei psychischem Stress. Und psychischer Stress hat als wahre Ursache die innere Spannung, die stetig zunehmend wirksam wird, wenn Sie Ihre Lebensbestimmung nicht erfüllen.

Stress entsteht, wenn eine innere Stimme Ihnen immer wieder zuflüstert „du musst deine Pflicht noch erfüllen“, wenn Sie diese aber nicht hören können oder nicht hören wollen, weil Sie gerade mit dem beschäftigt sind, was Sie abweichend von Ihrer Seele als Ihr Lebenskonzept festgelegt haben. Diesen inneren Stress können Sie zwar mit Hilfe von Wellness und Entspannungstherapien lindern, aber dies hilft Ihnen nicht nachhaltig. Ihre Seele wird Sie weiterhin mit Ihren Botschaften „nerven“, wie Sie in den vorherigen Kapiteln lesen konnten.

Wenn Sie aber Ihre Seelensignale erkennen, verstehen und den Entschluss fassen, Ihre Seelenbestimmung zu erfüllen, dann lässt der innere Stress nach und weicht einer tiefen, gesund machenden Ruhe und Gelassenheit. Gleichzeitig erhalten Sie auch das innere Wissen, welche Ernährung Ihnen gut tut und welche sonstigen gesundheitsfördernden Maßnahmen Ihren Körper gesund erhalten.

Im Einklang mit Ihrer Seele tun Sie das Richtige dann automatisch, denn Ihre Seele verfügt über das übergeordnete Wissen zur wahren Gesundheit. Und wenn Sie Ihren Körper mit all seinen genialen Funktionen Ihrer Seele sozusagen zur Verfügung stellen, damit sie durch Sie schreiben, sprechen und handeln kann, dann hat Ihre Seele auch jedes Interesse daran, Ihren Körper gesund zu erhalten.

Denn dann agieren Sie ja als das eingangs erwähnte wunderbare Team. Ihre Seele leitet Sie an, Ihre Lebensbestimmung zu erfüllen, und wenn Sie im Einklang mit dieser Absicht leben, erhöht sich die Bilanz Ihrer Lebensenergie.

Dazu passt auch der Spruch: Sie haben langfristig niemals genügend Energie, um das Falsche zu tun, aber immer genügend Energie, um das Richtige zu tun.

Manche Stimmen aus der Esoterik meinen sogar, wenn Sie bedingungslos im Einklang mit Ihrer Seele leben, sind Sie nicht mehr auf die Energiegewinnung aus dem Stoffwechsel angewiesen, dann erhalten Sie unbegrenzt Energie aus dem Kosmos über das Kronenchakra zugeführt.

Wenn ich diesen Gedanken weiterspinne, könnte ich sogar zu folgendem Schluss kommen: Wenn Sie Ihre Seelenbestimmung erfüllen, haben Sie Energie, um viel länger zu leben, als die derzeit übliche Lebenserwartung von 80, 90 oder 100 Jahren.

Ich denke inzwischen, dass es möglich ist, mehrere hundert Jahre gesund und vital im jetzigen Körper zu leben, wenn dies im Einklang mit der Seele geschieht. Aber das sind Zukunftsvisionen, davon handelt vielleicht eines meiner nächsten Bücher.

Für das augenblickliche Vorstellungsvermögen ist es schon erstrebenswert, bis ins hohe Alter gesund und vital zu bleiben, mit einem funktionierenden Geist in einem funktionierenden Körper. Dies können Sie erreichen, wenn Sie Ihre Lebensabsicht, die Ihre Seele kennt, ergründen und verwirklichen.

Dafür wünsche ich Ihnen alles Gute und wunderbare Glücksgefühle. Und wenn Sie einmal jemanden brauchen, der Sie beim Erkennen oder konkreten Verwirklichen Ihrer Seelenbestimmung unterstützt, oder bei dem Sie auch einfach nur Ihre anfängliche Verwirrung und Ihre Zweifel aussprechen können, dann dürfen Sie sich gerne an mich wenden.

Auf meiner Website www.psychologische-beratung-kallert.de biete ich Ihnen meine Seelenberatung mit Selbstfindungscoaching und astrologischer Beratung an. Ich würde mich freuen, wenn ich auch Sie auf dem Weg zu Ihrer Seelenbestimmung ein Stück weit begleiten dürfte. Und ich bin sicher, wenn sich Ihre Seele das wünscht, werden wir voneinander hören. Ich freue mich auf Sie.

Und damit habe ich alles gesagt, was ich Ihnen zum Thema Selbstfindung und Seelenplan sagen wollte. Im Schlusskapitel können Sie, wenn Sie möchten, noch ein wenig über mich und meinen eigenen Weg der Selbstfindung lesen.

ÜBER MICH

Ich selbst gehe seit über zehn Jahren den Weg der Selbstfindung und strebe danach zu erkennen, was meine Seele will.

Doch dies war kein geplanter Weg. Selbstfindung ist kein Weg, den man mal so planen kann. Ich saß nicht vor zehn Jahren da und sagte mir: „Ich hab jetzt gerade nichts Besseres vor, also werde ich mich mal ein wenig selbst zu finden versuchen."

Ich wusste damals noch gar nicht, dass es da etwas zu finden gab in mir. Ich erlebte nur, dass sich meine Interessen plötzlich total verlagerten, weg von meinem bisherigen wohlgeordneten äußeren Leben, hin zu Fragen nach der tieferen Wahrheit des Lebens, nach Lebenssinn und Lebensplan, nach meinem wahren Platz im Leben.

Beruflich war ich lange Zeit als freie Medizinjournalistin tätig gewesen. Ich hatte führende Fachärzte interviewt, um dann deren medizinisches Wissen in meinen Zeitungsartikeln und auch Büchern laienverständlich darzustellen.

Doch dann spürte ich, dass das nicht mehr mein wahres Ich war. Ich spürte auch, dass dieser Beruf nicht mehr mein wahrer Beruf war, denn oft stand ich selbst nicht hinter den medizinischen Ratschlägen, die ich bzw. meine Interviewpartner meinen Lesern erteilten.

Also habe ich diesen Beruf aufgegeben und begonnen, mich neu auszurichten. Gleichzeitig hat sich auch in meinem privaten Leben vieles aufgelöst, was nicht mehr passte.

Auslöser meines neuen Weges war eine Erkenntnis, die mir im August 2008 „zufällig" bewusst wurde. Im Zusammenhang mit der damaligen Finanzkrise erkannte ich, wie gefährdet unser Planet ist, wie sehr wir unsere Kräfte darauf richten müssen, unsere Welt zu retten.

Mir wurde auch bewusst, dass Worte Wirklichkeiten erschaffen, deshalb formulierte ich viele heilende Worte für unseren Planeten, die ich auf meinem damals neu gegründeten Blog „Vision Neue Welt" seit 2011 veröffentlichte.

Doch auch die Themen Gesundheit und Psychologie interessierten mich sehr. Ich suchte nach eigenen Erkenntnissen und Wahrheiten zum Thema körperliche und seelische Gesundheit.

Ich suchte nach Wahrheiten, die mir und meinen Mitmenschen helfen sollten, selbstverantwortlich ihre Gesundheit in die Hand zu nehmen. All das beschreibe ich seit dem Jahr 2013 auf meiner Website gesundheit-ganzheitlich.com.

Gleichzeitig drängte mich eine „kosmische Kraft“ dazu, mich verstärkt nach innen zu richten, mich selbst zu finden, meine Seele zu klären, meine wahre Berufung zu entdecken und zu leben. Diesem Ruf bin ich gefolgt. Auch wenn mein Verstand manchmal dagegen rebellierte – ich hatte keine Wahl als das zu tun, was ich tat. Und: Ich fühlte mich gut dabei. Ich lernte, einfach meiner Intuition zu folgen und das zu tun, zu lesen, zu schreiben und zu sagen, was immer sie mir „einflüsterte“.

Immer mehr fühlte ich mich auch zur Astrologie hingezogen. Mit Hilfe der Sterne wollte ich mich selbst, meine Beziehungen und mein Leben verstehen. Vor allem wurde es mir ein wichtiges Anliegen, astrologische Hinweise zu meiner Lebensaufgabe zu finden.

Denn ich erkannte immer deutlicher: Jeder Mensch hat eine bestimmte Aufgabe zu erfüllen in diesem Leben. Wenn er seiner Bestimmung folgt, lebt er gesund und glücklich. Ich erkannte auch: Teil meines Lebensplans ist es, andere Menschen bei ihrer Selbstfindung zu unterstützen.

Deshalb habe ich im Sommer 2015 das Buch „Selbstfindungs-Coaching“ geschrieben. Dabei zeige ich meinen Lesern ganz konkret auf, wie sie in 7 Schritten sich selbst finden und ihre Berufung verwirklichen können.

Um meine persönlichen Erkenntnisse auch zu meinem Beruf machen zu können, habe ich dann im "jugendlichen Alter" von 58 Jahren nochmals damit begonnen, mich weiterzubilden.

An einer renommierten Heilpraktikerschule absolvierte ich Kurse zur Psychologischen Beraterin und zur Meditationsleiterin, sowie Fortbildungen in den Bereichen Karma und Chakraheilung.

Zudem belegte ich einen Ausbildungskurs zur Heilpraktikerin für Psychotherapie. Dabei habe ich umfassendes Wissen zu allen psychischen und psychosomatischen Symptomen und Krankheiten erworben.

Auch zu den möglichen herkömmlichen Therapiemethoden all dieser Gesundheitsstörungen erhielt ich umfassende Einblicke.

Das war sehr wertvoll für mich, und es war der Ausgangspunkt für meine eigenen „Forschungen“ zu Krankheitsursachen und Heilungsmöglichkeiten.

Besonders wegweisend war dabei für mich die Lehre des amerikanischen Psychologen Carl Rogers, der postulierte, dass jede psychische Störung im Grund dadurch entsteht, dass das wahre Selbst nicht gelebt wird. Dies deckte sich mit meinem eigenen intuitiven Wissen und war Motivation für mich, weiter mein wahres Selbst zu verwirklichen oder, anders ausgedrückt, dem Weg meiner Seele zu folgen.

Mit dem erfolgreichem Abschluss der amtlichen Heilpraktikerprüfung für Psychotherapie erhielt ich im Dezember 2016 dann offiziell meine Heilerlaubnis.

Aber was heißt schon Heilerlaubnis. Ich kann andere Menschen nicht heilen, ich kann ihnen höchstens helfen, ihr Leben so zu gestalten, dass ihre Seele es nicht mehr nötig hat, mit Krankheiten um Hilfe zu rufen. Kurz gesagt, ich kann ihnen helfen zu erkennen, was ihre Seele wirklich will, und was sie gesund und glücklich sein lässt.

Mein Wissen und meine intuitiven Erkenntnisse dazu habe ich nun im Buch „Erkennen, was die Seele will" für Sie zusammengefasst liebe Leser. Ich freue mich, Ihnen wertvolle Impulse zu Ihrer Selbstfindung und zum Erkennen Ihres ganz persönlichen Seelenplans geben zu können, damit auch Sie Ihr Leben gesünder und glücklicher gestalten können.

Ihre Johanna Kallert

Danke

Zum Schluss will noch kurz Danke sagen.

Danke an meine Seele, dass sie mir den Text dieses Buches „eingeflüstert" hat, so dass er mir leicht und mühelos aus den Fingern geflossen ist.

Danke an meinen Lebenspartner, der mich ermuntert hat, dieses Buch zu schreiben, und der mir so viel Zeit für meine Selbstfindung und Innenschau lässt, wie ich brauche.

Danke an meinen Sohn für die vielen inspirierenden Gespräche zum Thema Seelenplan und für sein wertvolles, sorgfältiges Lektorieren meiner Bücher.

Danke an Amazon für die wunderbaren Möglichkeiten, meine Bücher selbst veröffentlichen zu können.

Danke an Sie, liebe Leser, dass Sie mein Buch gekauft und gelesen haben.

Danke.

Impressum

Text und Layout	Johanna Kallert
Lektorat	Thorsten Kallert
Cover-Foto	Pixabay
Druck	Amazon KDP

Herausgeberin und inhaltlich Verantwortliche:

Johanna Kallert
Mozartstrasse 5
96148 Baunach

Tel: (0 95 44) 9 84 88 89
Mail: jkallert@web.de
Internet: www.gesundheit-ganzheitlich.com
www.psychologische-beratung-kallert.de

Weitere Bücher der Autorin:

Selbstfindungs-Coaching: In sieben Schritten die eigene Berufung finden,
Johanna Kallert,
erschienen August 2015,
erhältlich als Taschenbuch und Ebook bei Amazon.

Chakra Meditationen: Fantasievolle Meditationstexte zur Chakra Heilung,
Johanna Kallert,
erschienen Juni 2017,
erhältlich als Taschenbuch und Ebook bei Amazon.

Printed in Poland
by Amazon Fulfillment
Poland Sp. z o.o., Wrocław

11640994R00054